「弱い
リーダー」
が会社を救う

井上健一郎 Inoue Kenichiro

彩流社

はじめに

古今東西、リーダーシップについて書かれたものは数多くありますが、その多くは、「リーダーシップはリーダーという役職者のためのものではなく、より自立した仕事を成し遂げるために誰もが身につけるべき資質だ」と語っています。

つまりチームのメンバーそれぞれが、自分の担当領域においてリーダーシップを発揮することが大切だということなのですが、もしそれが実現できたならば、リーダーがリーダーシップを発揮しなくてもチームは十分機能するはずです。

それに気づいたとき「リーダーだからと言って常にリーダーシップを発揮する必要はないのではないか？」、さらに「それならば、リーダーには今までとは違うことが求められるのではないか？」そんな些細な疑問を持ったことが、本書のテーマである「弱いリーダー」というちょっと突飛な発想について考えるきっかけとなりました。

私は、組織運営と人材開発というテーマでクライアント企業のお手伝いをしていますが、私の持論は「組織運営をより円滑に行いながら人材を育成・開発するためには、5人程度の小人数チームを中心に組織を回していくことが最も効果的である」というものです。

かつて日本は、ＱＣサークルという職場改善活動を盛んに行いながら現場を創造性豊かなものにしていました。QCサークルとは、同じ職場内で小グループごとに、自発的に品質管理を行う活動のことです。その結果、品質は高まり、日本は強い国際競争力を持つことができました。この例のように、日本人はもともと小集団活動に適していると考えられていますが、それは日本人が本来周囲との「調和」を図りながらコトを進めるという特徴を持っているためだと思うのです。「調和」を図るためには大集団は適しません。小さな集団の中でいろいろな意見を尊重しながら「すりあわせる」それが「調和」を保つために必要なのです。欧米のように公の場でお互いの意見を堂々と「論じ合う」ことに慣れていない日本人は、なおのこと小集団による「すりあわせ」を好みます。

実は、この小集団内での「すりあわせ」を円滑に進めることができるリーダーこそ、ひとり先頭に立ってみんなをぐいぐいと引っ張っていくタイプではないものの、みんなの声に耳を傾け、誠実にそして真摯に集団の「場」に向き合うことができるのです。そういうリーダーの姿勢が、チームメンバーの自発性をうながし、チーム全体の創造力のポテンシャルを引き上げるのです。「弱いリーダー」のベースにある考え方は、このようなリーダー像です。

しかし、日本は１９９０年以降、経済の停滞が続き、すっかり自信をなくした感があります。追い討ちをかけるように「グローバル化」と「ＩＴ化」が激しい国際競争へと日本企業を巻き込んでいます。そして、日本において語られる「グローバル化」とはすなわち欧米化のことです。

欧米流の経営学がどしどしと押し寄せる中、あるべきリーダー像は、明確なビジョンを掲げ、そこに向かって周囲を巻き込む強いエネルギーを発しながら突き進む「強いリーダー」になってきているように思います。欧米型の組織運営というのは、経営と現場は完全にその役割を分け、競争に勝ち抜くために経営トップが強烈なリーダーシップを発揮し、現場はトップの方針に従って徹底した動きをするというものですから、リーダーに強さを求めることは必然なのです。

しかし、社会はますます複雑で不確実な変化をするようになりました。穏やかな変化ではなく急激な変化が企業を襲っています。企業が存続しさらに発展していくためには、その変化を乗り越えなければならないのですが、一体どのようにしてその難局を乗り切ればいいのでしょうか。

確かに、すばらしい洞察力と発想力を持った「強いリーダー」がいれば企業が発展していくチャンスは広がるでしょう。ただしそれは、リーダーの選択と決断が間違っていないという場合に限ります。もし「強いリーダー」が間違った場合、「強いリーダー」に従った組織は砕け散ってしまいます。

そうならないためには、リーダーの判断のために有効な情報が組織としてしっかり集められていなければいけませんし、組織のそこかしこで数多くのアイデアが生み出される必要があるのです。経営の立場のアイデアと、現場に密接したアイデアが、豊富にすりあわされる企業でなくてはなりません。

そのためには、常に「自立し、自ら考える組織」をつくっておかなくてはならないのです。上からの指示に常に従うだけの組織では脆弱なのです。

そういうときにこそ、いろいろなメンバーの意見を引き出しながらチーム全体の「考える力」を鍛えられるリーダーが求められるのです。日本が得意な「すりあわせ」「調和」型のリーダー、つまり「弱いリーダー」が必要なのです。

「弱いリーダー」というと無責任で何もしない人物像を浮かべる人も多くいると思うのですが、本書でいう「弱いリーダー」とは、あくまでもひとりでどんどん先にたってメンバーを鼓舞する存在ではなく、周りを見ながら時に柔軟にそして時に静かなあり方を見せる人物です。

実は、「調和」「柔軟」「静か」というリーダー像は、東洋思想で語られるリーダー像に多く現れます。特に老子には、そのようなリーダー像が描かれていて「太上《たいじょう》は、下これあるを知る。その次は親しみてこれを誉《ほ》む。その次はこれを畏《おそ》る。その下はこれを侮《あなど》る」とあります。意味は、「最も理想的な指導者は、部下から存在することさえ意識されない。部下から敬愛される指導者はそれよりも一段劣る。これよりさらに劣るのは、部下から恐れられる指導者。最低なのは、部下からバカにされる指導者だ」というものです。

本書では、「弱いリーダー」の魅力をより理解していただくために、箇所箇所に東洋思想の事例を載せています。

また、東洋思想の現代語訳については、守屋洋『中国古典百言百話　老子・荘子』(東洋経済新報社)、森三樹三郎『老子・荘子』(講談社学術文庫)、徳間書店の「中国の思想」シリーズを参考にさせていただいております。

本書の構成ですが、全体で4章立てとしています。まず第1章でリーダーシップ論の全体像をつかんでみたいのですが、本書のテーマである「弱いリーダー」を理解するために、まず「強いリーダー」の特徴を分析しています。そして、第2章と第3章では、「強いリーダー」に求められていた論理的な思考力や積極的な行動力などを逆転した「弱いリーダー」の必要性を示した具体事例を4つほど紹介し、最後の第4章で改めて「弱いリーダー」だからこそ作り上げられる創造的なチームの特徴をまとめています。

「グローバル化」ということが言われ続けていますが、本当のグローバル化とは、世界とともに反映するWin-Winのための活動であり、20世紀の欧米流の経営が目指した「競争に勝つ」という思想からの脱却がむしろ重要なテーマなのではないかと思います。

「三方よし」という三河商人の経営哲学にあるように、ひとり勝ちを目指さない全体の和を大切にする日本的な思想のほうが、実は真のグローバル化のために重要なのではないでしょうか。

そういう面からも、「調和」「柔軟」「静か」そういう「弱いリーダー」はこれからの企業にとって貴重な存在となると考えてよいのではないでしょうか。

もし、「自分は人をぐいぐい引っ張るタイプじゃないから、リーダーなんて無理」と考えている人がいたならば、むしろこれから求められるリーダーの資質を持ち合わせた大切な人材なのかもしれません。

◎もくじ◎

第1章

「強いリーダー」から「弱いリーダー」へ

——新時代のリーダーシップ論

第1節　リーダーシップ論は時代とともに変化しています

❖大きな社会背景の変化とリーダーシップ論

リーダーシップ論は時代とともに変化してきました。特に1950年代以降いろいろな理論が出てきましたが、それは20世紀後半、技術革新、情報化、国際化などあらゆる面でそれ以前とは比べ物にならないほどの進化と変化が起きたため、社会全体が複雑化したことが背景にあるのです。

そこで注目すべきポイントは、生産体制の高度化、効率化にともなう経済活動主体の個人から組織への移行、競争の激化という2つです。そのような環境変化の中では、より強いリーダーシップが求められるのは当然です。そのテーマを単純化していうと、「成果をあげること」と「人を管理すること」という2つです。

しかし、ビジネスにおける状況の複雑化は現在進行形で進んでいます。昨日までなかったサービスが突然現れ、その結果今まで順調だったビジネスが一気に衰退するという事態がそこかしこで起こっています。

「一体、どこへ向かっていけばいいのか分からない」。自分たちの行く先が見えなくなっている組織は非常に多くなっているのです。

そのような時代では、単純に組織をマネジメントしているだけでなく、「私たちはどこへ向かうのか」というヴィジョンを示さなければいけないのです。最近語られるリーダーシップ論は、その力を特に重要視しています。

❖「資質ありき」から「行動重視」、そして「強いリーダー」の登場

まずはリーダーシップ論の変遷を確認しましょう。

最初に登場したのは「リーダーシップ特性論」です。この考え方は古くはギリシアの時代から、1940年代までリーダーシップ論の主流となっていました。優れたリーダーに共通する身体的特徴や性格などを研究し、リーダーは作られるものではなく、「生まれつきその資質を持ち合わせている」というものです。

これを逆側から見れば、いくら努力しても、生まれつきその資質がない人はリーダーにはなれないということになってしまいます。今考えると、大変視野の狭い考えに見えるかもしれませんが、実際に「社長の器」という言葉があるように、リーダー特性は作られるものではなく、初めから備わっているものという考えは思いのほか浸透していたのかもしれません。

その後、第二次世界大戦や戦後の経済発展などを背景に、社会全体が多数のリーダーを輩出する必要性に迫られました。そのためアメリカを中心として「リーダーを作らなければいけない」

という考え方が生まれてきました。まさに特性論の逆方向に舵は切られたわけです。

それが「リーダーシップ行動論」です。

優秀なリーダーの行動を分析して、それを学習することで誰もがリーダーシップを身につけられるということを目指したもので、リーダーの果たす役割として、成果という「タスク」を果たすことと、そのタスクに取り組む「人」を束ねるという2つの要素に着目した理論が多く展開されました。


そこでの代表的な理論が以下の2つです。


まずひとつめは「システムⅣ理論」です。ミシガン大学・社会調査研究所所長のR・リッカートは、組織をひとつのシステムとしてとらえ、リーダーの管理システムを、リーダーとメンバーの関係性から、独断的専制型（システムⅠ）、温情的専制型（システムⅡ）、協議型（システムⅢ）、集団参加型（システムⅣ）という4つに分類しました。

このうちの「システムⅣ」集団参加型が生産性が高く、理想的だと考えられていました。

「リーダーシップ行動論」の中で、もうひとつ、今でもよく使われているのが「PM理論」です。これは、1966年、大阪大学の三隅二不二教授が唱えたもので、リーダーシップを集団機能の概念として捉えたものです。

そこでは2つの機能が設定されています。ひとつは「成果を重視する（Performance《パフォーマンス》）」、もうひとつは「チーム維持を重視するMaintenance《メインテナンス》」。「ＰＭ理論」というのは、この2つの頭文字、ＰとＭをとったものです。この理論では、どんなリーダーシップも、ＰとＭ両方が含まれており、それぞれが微妙なバランスのもとで、機能しているという考え方です。

いかにもあたりまえな理論に見えるかもしれませんが、ビジネスの現場では、意外にこのＰとＭがごちゃごちゃになってしまうことが少なくありません。それは、ＰとＭが相互に関連して、影響しあっているからです。しかし、チーム全体を考える時、また自分のリーダーシップに関して見直そうとする場合には、このＰとＭという2つの視点から精査していくことは大変重要なことです。

この「リーダーシップ行動論」の発展型とでもいうべきものが「状況リーダーシップ論」です。1977年にＰ・ハーシーと、Ｋ・Ｈ・ブランチャードによって提唱されたもので、状況に応じてリーダーシップの型を変えていくという柔軟な発想の理論です。

これは、メンバーの成熟度、仕事の達成度をみながら、「教示的」「説得的」「参加的」「委任的」とリーダーシップを4段階で変化・対応させていくというもので、それぞれ、後ろに行くに従って、リーダーの関わりは薄く、軽くなっていくわけです。

これらは、常に、チーム、そしてメンバーへの対応を観察するということ、そしてそれに合わせて対応を変化させていくという意味で、実はかなり高度なリーダーシップ論だと思います。

１９８０年代になると、世界的に経済が成熟しきった結果の停滞感、環境変化による競争の激化のなか、それまでのマネジメント手法では立ち行かないという認識が定着し、「ヴィジョン志向のリーダーシップ」という理論が登場します。

この理論の中核にある考えは、組織の長期発展には、自分たちが成し遂げようという未来のヴィジョンが必要であり、それを創造し、メンバーと共有していくことこそが、リーダーに求められる必須のものであるというものです。

このヴィジョン志向のリーダーシップ論を精緻化させたのが、ハーバード・ビジネス・スクール名誉教授のジョン・Ｐ・コッターが打ち出した「変革型リーダーシップ」です。

コッターは、リーダーシップとマネジメントを明確に分けました。マネジメントは、様々に変化する環境に対応しながら、組織を維持していくこと、つまり維持的なリーダーシップです。しかし、本来のリーダーシップは、変革を成し遂げる、つまり新しい道を切り開いていくという創造的なリーダーシップであるべきだと考えました。

そして、本書のテーマである「弱いリーダー」について考える前に、まずみなさんにお話したい「強いリーダー」という考え方は、まさにコッターが提唱した、「変革型リーダー」をベースにしています。

❖強いリーダーシップに必要となるスキル

ここからは「変革型リーダー」、つまり強いリーダーシップにはどんなスキルが必要なのか考えてみたいと思います。

【リーダーが示すもの（ヴィジョンとルート）】

1．どこへ向かうか
何のために（Why）、何が最適か（What）
2．どうやって向かうか
何を使って（What）、どのように（How）

【リーダーの行動】

1．先頭を行く
2．周りを巻き込む

【周りを巻き込むためのリーダーの姿勢】

1．周囲の状況把握・理解
2．発信・働きかけ
3．あり方

以上のカテゴリー内の項目

・「どこへ向かうか」「どうやって向かうか」
・「先頭を行く」「周りを巻き込む」
・「周囲の状況把握・理解」「発信・働きかけ」「あり方」

を完遂するに際して、「変革」を推進する強いリーダーは具体的にどのような姿を見せるでしょうか？　想像してみてください。

「説得力のある説明」によって明確に「ヴィジョン」を示し、そのヴィジョンを手に入れるために自分たちのやるべきことを、「分かりやすく」「実現の可能性の高さ」を示しながら雄弁に語るでしょう。

そして、ヴィジョンに向け、外部との折衝、内部の整備など必要な準備を精力的に進めるのです。常に「前向き」で「明るく」「周囲の人々への気遣い」を忘れることのない姿は、周りの人に安心感を与えるに違いありません。

さらに「自らに厳しく」「妥協しない」あり方は、多くを語らなくても周りの人たちを鼓舞するに十分となるのです。

これらのすべてを持ち合わせるリーダーは、まさに「カリスマ」と呼ぶにふさわしい存在です。そのような「カリスマ」となるためには、かなり高いレベルの「思考力」と「行動力」が必要だということは容易に想像できるのではないでしょうか。つまり強いリーダーは、「思考力――頭の良さ」と「行動力――動きの良さ」が求められるということです。

では、「頭の良さ」「動きの良さ」を発揮するには、それぞれ具体的にどのようなことが必要なのか、次節以降展開したいと思います。

第2節 「強いリーダー」の頭の良さは「論理的思考力」から生まれる

❖経営コンサルタントとMBAの大流行によって「論理的思考力」ブームがもたらされた

どんなレベルのビジネス書籍を見ても必ず触れられているのが「論理的思考力」の重要性です。また「論理的思考力」そのものをタイトルに冠した書籍も少なくありません。多くの書籍で、論理的思考力の大切さがうたわれるようになったのはいつごろからでしょうか。

かつて高度成長期の日本のビジネスの慣習には、暗黙の了解や、あうんの呼吸といった真意がわかりずらいものが多いなどと批判を受けることが少なくありませんでした。しかし、同時に、その慣習を学んでいこうという外国企業もありました。

しかし、90年代以降、インターネットを初めとしたＩＴ技術の普及を背景に、急速に進むグローバリズムの中でそんな慣習も大きく変化を強いられました。そして決定的だったのが、90年代後半、山一証券をはじめいくつもの大企業が倒産したことで、それによって日本経済は自信を失い始めていたといっても過言ではないでしょう。

そんなときに、次の扉を開くために、多くの企業に求められたものが、欧米発の国際基準に基づいた経営方針や企業ガヴァナンスだったのです。

そこで、重要な存在が2つあります。まずあげたいのはシビアに企業経営を見つめなおすために採用された経営コンサルタントという職業です。マッキンゼーなどを初めとした外資系企業が中心となっていたために、当然のごとく、西洋的な、つまり論理的な思考方法が常に基本になっていました。

そして、もうひとつ、論理的思考力の浸透に大きな役割を果たしたのが、海外のビジネス・スクールでのMBA取得の大ブームです。後述しますが、ヴェンチャーからスタートし今や日本経済の中心になっているいくつもの企業の創始者が、ビジネス・スクールの頂点であるハーバード・ビジネス・スクールでMBAを取得した修了生であるという事実は見逃せないと思います。そして、そこで学んだ経営哲学は、やはり徹底的な論理思考力に裏打ちされたものでした。

❖世界トップランクのビジネス・リーダーが集まるHBSの光と影

ハーバード・ビジネス・スクール（以下HBS）は、世界でもトップランクの大学ハーバードの経営大学院です。そのMBAを習得するため、世界各国から学生のみならず、現場で経験を積んだビジネスマンも多く集まっています。

その講義内容は実に多様ですが、すべて専門分野のスペシャリストとしてではなく、常にそれを統括する経営者の立場、視点に立っているというのが特徴です。

HBSの修了生は、アメリカ経済だけでなく、それをとりまく国家の運営にも多くかかわっています。

著名なところでは、元合衆国大統領のG・W・ブッシュ、元米国国防長官であり元世界銀行総裁のロバート・マクナマラ、元ニューヨーク市長のマイケル・ブルームバーグ、元米国財務長官であり元ゴールドマン・サックスのCEOでもあるヘンリー・ポールソン、それ以外にも、政財界の辣腕たちの多くがHBSの卒業生です。

しかし、その権力集中の形には、アメリカ社会の光と影が内包されているとも言えます。

その、典型的な例が、2001年の米エネルギー会社エンロンの破綻ではないでしょうか。これは、決算上の利益を大幅に水増し計上していたことがわかり、2001年12月に同社が経営破綻に追い込まれたもので、当時のCEOであり、有罪判決を受けたジェフリー・スキリングはH

BSの修了生です。
また、2009年の経済危機のときも、関連する企業、金融会社、コンサルタント会社の重要なポジションにHBS卒業生が多く在籍していたことも指摘されています。

さて、そのHBSにおける教育方針の根幹ですが、1991年の修了生である、三輪裕範・伊藤忠経済研究所所長は『ハーバード・ビジネス・スクール　MBAへの道』の中で次のように述べています。

「ハーバード・ビジネス・スクールが学生に身に付けさせようとしているのは、不完全な情報の下において、合理的意思決定を行うための思考法であると言えよう。つまり、そこで重視されるのは、最終的に意思決定したことが、『正しい』か『間違い』かという結果ではなく、どのような考えに基づき、そのような最終意思決定に至ったのかという思考過程にある」

さらに、三輪氏の言葉を続けると、

「ハーバードの二年間で学んだ第二番目の点は、物事を考える上での、理論的フレームワークの重要性である」

そして、ハーバードのそれぞれの授業科目には、学習上の基本的フレームワークがあり、これを持っているかどうかによって思考の深さが違ってくるというのです。

実体験者である三輪氏の述べるHBSの思想「合理的意思決定を行うための思考法」、そしてそれを実践するための「フレームワーク理論」というのは、以下に述べていく論理的思考のエッセンスを見事に凝縮したものといえるでしょう。

❖「論理的思考力」に必要な【前提・推論・結論】という3ステップ

ここで改めて論理的思考とは何かということを考えてみましょう。「論理的思考ができる」というのは、思考の流れにきちんとした筋道が通っているということ、つまり【前提→推論→結論】という流れが無理なく一貫していることをいいます。そして、その流れが論理的で矛盾がなければ多くの人間は理解することが容易で、自然に納得することもできるわけです。

では、うまく論理的思考をしていくためのコツとはいったいなんでしょうか。【前提→推論→結論】という思考の流れにおける重要なポイントをまとめてみましょう。

【前提】重なりなく漏れなく網羅・分類・整理することによる「問題の見える化」
【推論】偏りのない判断をするための「全体感の把握」
【結論】優先順位付けによる「取捨選択」

そして、これらを段階的にうまく進めていくには、それぞれの過程で思考をするための「フレームワーク」を設定することが必要となります。どういうことかというと、何を考えるかを検討してその問題の構成要素を枠内（フレーム）に入れ、その中でさらに細分化した要素をそれぞれ白か黒かどちらかに二者択一しながら、その思考を積み重ねることで合理的な解決策を見つけ出そうとしていくやり方です。つまり論理的思考力というものは、コンピュータ的な、いわばデジタル的な発想方法がベースになるわけです。前に述べたＨＢＳで学んだ三輪氏の「ハーバードの二年間で学んだ第二番目の点は、物事を考える上での、理論的フレームワークの重要性である」という言葉は、常日頃からこのような思考の癖を持つことの大切さを指しているのでしょう。

❖論理的思考における「効率性」と「客観性」

論理的思考を実践する大きな目的は何でしょうか。それは「効率性」の追求だ、と言うことができると思います。なぜならば企業にとってライバルに勝つために必要な「競争力」は、効率良い経営から生まれるからです。

小さなひとつのチームの効率性を高めることで、ひいては会社全体の生産性の向上につなげるという考え方は、かの有名なトヨタの「カイゼン」という思想で世界的に有名になりました（実はトヨタはそれを60年代から実践していたわけです。そういう意味では実に先駆的な企業ということがいえるでしょう）。

その「カイゼン」では、徹底的に「ムダ取り」が進められました。製造ラインの各工程からていねいにムダを取り除くことで効率性を高め、結果、生産性を高めていったのです。
この「カイゼン」は、効率性のためのすばらしい経営手法として、世界中から注目されました。

「ムダ」を取り除くということは、置き換えると「時間短縮」になります。
チーム内には、仕事のダブり、連絡の不徹底、仕事分担の偏りなど多くの「ムダ」が潜んでいます。それらの「ムダ」は時間に直結しているのです。「残業が常態化している」、「緊急事態への対応ができない」、このような現象は往々にして時間がムダに使われている職場においておこる現象なのです。

ですからリーダーにとって、チームの生産性を高めていくためにもっとも重要なことは、結局のところ「ムダな時間」を減らすということに帰着していくのです。

論理的思考の結果導き出された答えが、信頼できるものかどうか、納得できるものかどうか、それを保証しているのは、その思考の背景にある「客観性」です。

物事の判断をする時にひとりの人間（それがリーダーであれ、誰であれ）の主観ではなく、客観的なものさしによって判断をしていく。それによって論理的思考の正しさを、幅広く共有することができるわけです。そして、その客観性は、データを徹底的に活用することで生み出されます。

データ活用を戦略的に使い効果をあげた例を紹介しましょう。

流通面での革命児といえる世界最大のスーパーマーケットチェーン、ウォルマートの例です。

彼らが広めた有名な手法に「データマイニング」という手法があります。それは、あらゆる売上データを使い、分析し、どのような品揃えがより売上を上げるか予測していくというものですが、このデータ解析により、それまでの小規模小売で行われていたような、直感や経験的な勘に頼っていた仕入れ方法から脱却し、効率的な販売実績をあげることができるようになりました。

さらに、「データマイニング」のすごさを物語る有名な話が、「オムツと缶ビール」の話です。通常、何の関連もないオムツと缶ビールが同時に売れるという仮説を立てる人はいないでしょう。

しかし、データ分析をしてみたところ、人間が見抜けない関連性をコンピュータが見つけたのです。そのデータに従って、オムツ売り場の横に缶ビールを置いたところ、バカ売れしたのです。

もし、そのような客観的なデータに基づいた発想からではなく、ひとりのレジ係が「どうもオムツと缶ビールを一緒に買うお客さんが多いと感じるので、一緒に陳列してみてはどうでしょうか？」と提案したとしたらどうでしょうか。

そんなに簡単に会社が納得するとは考えにくいと思いませんか。これが客観性の貴重なところです。

ウォルマートではさらに、このＰＯＳデータをはじめ、発注データ、商品データなど多くの業務用データを「データウェアハウス」に保存し、従業員だけでなく、業者にもその利用を促しています。

データや情報が共有されると、客観性のレベルは上がります。まさしく、「みんなが知っている」ことですから、そのデータや情報の信頼性があがるのです。

第3節 「強いリーダー」の動きの良さは「積極性」から生まれる

❖自己肯定感覚による「決断力」と、スピード感のある「行動力」

強いリーダーをイメージするときに、多くの人が「迷わずスピーディに意思決定する」姿を思い浮かべるのではないでしょうか。その決定もあいまいで中途半端なものではなく、ブレのない思い切ったもので、ときにはリスクテイクしなければならない決定も揺るぎなく行う。そんな姿ではないでしょうか。

トップ・ビジネス・リーダーの育成や輩出においてもっとも有名な経営コンサルティング会社マッキンゼーの創始者のひとりであるマーヴィン・バウアーは、著書『マッキンゼー　経営の本質』の中で、競争に長けた経営者の特徴を次のように言っています。

迷いがない。事実を集めて十分に考え抜いたら、すぱっと決断を下す。

その「決断力」は、豊富な経験をベースにした状況判断によるところが多いのですが、プラス「自信」が大きく影響していると私は考えています。

この場合の「自信」とは、決断の内容に対する自信ではなく、自分自身に対する自信であるというのが重要なところです。「この決断をするための能力が私にあるからこそ、任されているんだ！」「私は、この決断をするにいたるまで、十分に熟考し検証を重ねた」など、意思決定をしている自分自身を積極的に肯定できていなければ「これで大丈夫だろうか？」といつまでも迷いから解放されません。

逆に言えば、意思決定をする立場にある者は、日ごろから「自信」を磨いておかなければならないとも言えるのです。なぜならば、意思決定に従う者にとって、自信のなさそうな決定に自分のエネルギーを投じることはできないからです。

また、決断力を強くするもうひとつの要素として、自らがコミットしたことに対する「責任感」の強さがあげられます。

『7つの習慣』という大変売れている自己啓発本がありますが、その中で、著者コヴィーは、7つの習慣の一番目に「主体性を発揮する」という項目を置いていますが、そこで言われている主体性について、「人間として自分の人生に対して責任をとる」ことだと言っています。

この、自分という人間を肯定し、自らの言動に責任を持つことから生まれる「意思決定力」は、「積極性」という明快な形をとりながら、リーダーシップ論に直接的な影響を与えていきます。

先に例とした、マーヴィン・バウアーは、著書『マッキンゼー　経営の本質』の中で「競争に長けた経営者の特徴」について、次のようにも書いています。

・時間を無駄にせず、すばやく行動する
・時間をもっとも貴重な資源と心得ている
・つまらぬことに時間を割かず、ひたすら目的達成を目指す
・無用な先送りよりも、間違えるリスクをあえて冒す。誤りを正す機会に注意をおこたらなければ、時間を味方につけられることを知っているからだ
・テクニックより「今やる」姿勢が役に立つ

ここでは、行動に移るときのスピーディさが重要であることが強調されています。

スピードが重要という考え方は、時間をムダにしないという意味で効率志向がベースとなっている考え方ではありますが、実はそれだけではなく、そこにパワーを感じるという側面があることを無視できません。

意思決定されたことは、先送りしない。即座に実行に移す。

リーダーシップとしての、「スピード感ある行動力」を疑う人はいないのではないでしょうか？

❖ハーバード発のリーダーシップ論は「積極性」が根幹に

「変革型リーダー」を提唱したコッターは、「変革を起こすためには、組織内外にいる多くの人間とコミュニケーションを交わし、関係を維持しなければならない。その意味で、内向的な人間はリーダーになれない。変革を起こそうという強烈なエネルギーがないと、組織を率いてビジョンを達成することはできない」と主張しています。

「外向的な態度」「高いエネルギーレベル」がなければリーダーにはなれないというかなり強い主張ですが、この考えは、アメリカのビジネス・シーンにおいては大変根強いものがあります。

そのコッターが教壇に立っていたアメリカのハーバード・ビジネス・スクール（ＨＢＳ）は、前節でも述べましたが、各界のトップ・リーダーを生み出すビジネス・スクールとしては全米屈指の存在です。そしてかなりの数の日本人修了生もおり、その中の著名な卒業生としては、マクドナルド→ベネッセの原田泳幸氏、楽天の三木谷浩史氏、ディー・エヌ・エーの南場智子氏、ローソン→サントリーの新浪剛史氏などがいますが、この顔ぶれと、コッターの言う「外向的で高いエネルギー」を持った人間でないと変革型リーダーになれないという言葉が、あまりに合致してしまうのに驚いてしまいませんか。

作家スーザン・ケインは、『内向型人間の時代』で、このＨＢＳへの取材時に観察したエピソードをいくつか紹介していますが、これが実におもしろいのです。

「ＨＢＳのキャンパスで最初に気づいたのは、人々の歩き方だった。のんびり歩いたり、ぶらぶら散歩したり、長時間立ち話をしている人はひとりもいない。誰もがみな、勢いよく大股で歩いている」

そして彼女がインタビューをした学生もこのように答えています。

「成績も社会的ステータスも外向性次第ですよ。ここにいるのはみんな、はっきりしゃべり、社交性に富んでいる、外向きの人間ばかりですよ」

さらにスーザン・ケインが取材に応じたリーダーシップスタイルの専門家クイン・ミルズ教授はストレートな答えを示してくれました。

「リーダーは雄弁であるべきと考えている。そして、私の見解では、それは現実の一部分です」

このような、いわゆる「ハーバード・スタイル」というものを、まとめてみると、社交性にとんだ外向的な人間であり、常にエネルギッシュで、自信に満ちあふれ雄弁であり、自らが責任感を持っていち早く問題に立ち向かう、といったところでしょうか。

これらの特徴を一言で言えば「積極性」ということになり、その積極性が不可欠だということが、ハーバード発のリーダーシップ論の根幹になっています。

実は、このような「ハーバード・スタイル」に代表されるようなアメリカ発のリーダーシップ論は、2000年代以前の日本のビジネス・シーンでは一般的ではなく、かなり先鋭的なものと考えられていました。

しかし、今あげたような若い経営者たちが、2000年代以降、現実のビジネス・シーンで頭角を現しはじめ、メディアでも大きく取り上げられ、著書が書店に華々しく並べられることにより一種のカリスマ性を帯びたあたりから、日本においてもこの手のリーダーシップ論が若いビジネスマンにブームになってきました。

第4節　本当にそうなのでしょうか？「強いリーダー」の弱点とは

ここまで、80年代以降に登場した変革型リーダーシップに代表される「強いリーダー」の必要条件を「思考力——頭の良さ」と「行動力——動きの良さ」という2つのポイントでみてきました。しかし、21世紀に入り社会情勢や会社が置かれた環境が大きく変化している中で「強いリーダー」は永遠に勝ち続けることができるのでしょうか。ここからはちょっと頭を柔軟にして「強いリーダー」の弱点を考えてみましょう。

❖論理的な思考は「想定外」に対応できない

まず「強いリーダー」の思考力を支えている論理的思考力を考えてみましょう。論理的思考力は【前提↓推論↓結論】という流れを通して問題・課題の解決策を導き出します。漏れのない前提、そして根拠のある推論、その2つが精度の高い結論のための条件となり、それを保障するのが「客観性」だということは前節で詳しくお話ししました。

しかし、世の中には「想定外」なことがよく起こります。たとえば、大震災に備えて作られた各種防災設備も、設計段階で想定していた値をはるかに上回る災害が押し寄せ、脆弱な姿を見せました。

「想定外」は、天変地異だけではありません。

地球規模でネットを介し複雑に情報が飛び交う現代社会では、あらゆる価値観がみんなの目に触れ、それまで非常に少数派であった価値観が突然大きなうねりを起こすというような事態が頻発するようになりました。政治、経済、文化、あらゆる場面でそれは起こっています。「想定外」はすでに我々のすぐ隣にあるのです。

実は、「強いリーダー」に必要不可欠とされてきた論理的思考は、このような「想定外」ということに対して磐石ではないのです。それは、どうしてなのでしょうか。

論理的思考方法においては、【前提↓推論↓結論】のそれぞれのプロセスで、「思考を進めるための枠組み」が必要です。前節で述べた「フレームワーク」を使った考え方がそれにあたります。

そこでは一度枠がつくられると、その中に入れるものと入れないものの基準ができます。このように、拾うものと捨てるものを決めることで、思考を整理するとともに、解決策の焦点を絞っていくということはお話しました。

つまり「フレームワーク」を使った論理的思考は、枠外のもの、つまり捨てられたものとの出会いは排除されてしまう（もしくは排除することを容認してしまう）わけです。ここは大変重要なところです。

たしかに、新たな店作りのために対象顧客を選択し設定するという限定的な目的の場合は、「フレームワーク」思考は役に立つかもしれませんが、チームの活動方針や活動計画を決めるというような、より幅の広いあいまいな要素を多く含んだ案件の場合はどうなるでしょうか？

世の中「想定外」の事態が頻発しているのだとしたら、チームのアンテナはできるだけ広角でなければいけません。とにかくいろいろな情報を集めなければいけませんから、場合によってはまったく的外れな動きをあえてしてみることで、そこに潜んでいた「意外」な情報を見つけるということが求められる場合もあるでしょう。

また「フレームワーク」は、その結果導き出された施策が成功したときこそ実は要注意なのです。成功することによって、その「枠」が正しいものとなり、「枠外」のものを間違っていると認識しがちになるのです。しかしネットなどによる高度で複雑な情報社会では、思わぬところに「意外性」が潜んでいるかもしれないのです。

常に自分たちの「思考の枠」があることを認識しつつ、枠外の「意外性」を意識する必要性はますます高まっていると言っていいでしょう。いかにこのフレームから外れた「意外性」を許容していくのか、これからのリーダーシップ論の大きな分かれ目かもしれません。

❖論理的思考は「Why」が苦手

自社商品をどのようにして売るか？

すべての会社がこの問いの答えをみつけるために日々頭を悩ませています。自社商品「What」を、どのようにして「How」売るか、この What や How を追求するために、論理的思考はその力を発揮します。論理的思考法のベースとなるデジタル的二分化の発想方法が、より合理的な解を導き出すために適しているからです。

しかし、人間というのは大変複雑なもので、合理化できない奇妙な欲求があり、予想できない行動をとったりもします。

燃費のいい車を作り(What)、他社よりもその燃費効率が優れていることをアピールして(How)売り出そう。この戦術は、環境問題という世の中の背景、自社の技術力という自分たちの強みを考え合わせた最適解といえますが、それだけで簡単にモノが売れる時代でもありません。

なぜなら他社製品と比べて明らかに性能が優れていることは、現代の消費者にとってそれほど大事なことではなくなっているのです。今や、ある程度以上の製品・サービスの品質はどこの企業も担保しているからです。消費者にとって質の高い製品・サービスはもう当たり前(これをマーケティングの世界では、コモディティ化していると言います)、どの会社のものを買っても大差ない、と感じているのです。

そこで、非常に重要なことが、「何のために」(Why)その商品を売っているのかということです。プレゼンテーション番組「ＴＥＤ」で有名になったサイモン・シネックの「ゴールデンサークル理論」でも、物事を解決に導く方法として、この「What」「How」「Why」という思考を３つのサークルで説明しています。次ページに簡単に図示してみます。

いちばん外側の円が「What」何についてです。２番目の中間に位置する円が「How」どのように、です。そして中心部分に位置する円が「Why」どうして、何のためにです。

普通、問題解決を考える時には、外側から「What」→「How」→「Why」という順番で行います。

それは、「What」から始めることで、解決すべき対象を明快にすることができ、結果も見えやすいからです。しかし、サイモン・シネックはこれを逆転して、「Why」→「How」→「What」という解決方法を提示します。通常、「Why」というのは、明文化しにくく、あいまいで、共通理解を持つことが難しいなどの理由で、後回しにされることが多いのです。なぜなら、「Why」は人の感情の問題だからです。また論理理的思考方法は「What」や「How」などの、分類・整理、取捨選択という方法とは相性がよいのですが、「Why」は苦手です。人の感情は、大雑把な枠組みに入れ込むことはできたとしても、正確な分類・整理をすることはできませんし、状況によってどんどん変化していきます。

　しかし、実は、世の中の製品・サービスがコモディティ化された現代社会では、消費者は、送り手の「Why」という「思い」に共感し強く支持するのです。サイモン・シネックは例としてアップルをあげています。

　アップルは、「これまでにない新しい世界を技術で提供する」ということを経営の中核においており、それに共感・共鳴した人がアップルのファンになり、提供する製品に対して発売日に行列するという熱狂的な購買行動を示してくれているのだと説明しています。そして、徹底的にこだわりぬかれたデザイン、フォルムによってさらにアップルの

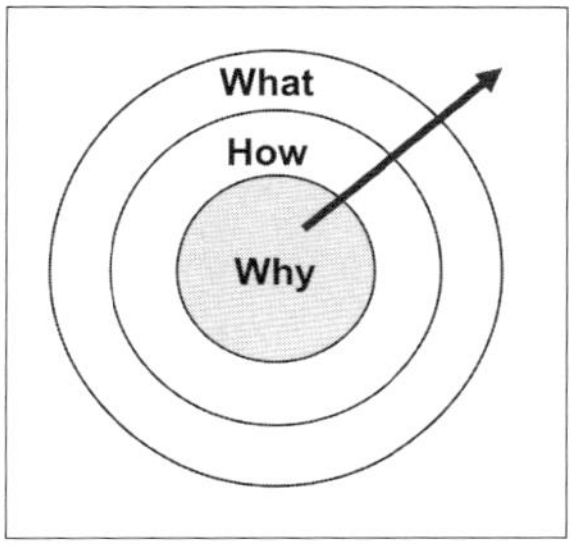

サイモン・シネック提唱の「ゴールデンサークル理論」を参考に著者作図

「Why」を「信念」として体感します。

その循環で、アップルとアップルファンである消費者との間で「信頼関係」が結ばれるのです。

アップルの創業者スティーブ・ジョブズは、非常に意味深長な発言をしています。

「他人の声で自分の本当の心の声を消してはならない。自分の直感を信じる勇気を持ちなさい」

リーダーシップを語るときに、この「自分の直感を信じる」ということはあまり正面きって語られることはありませんが、今述べてきたように企業活動の中核に「Why——何のために」という「思い」をおく必要性が増していることを考えると、「思い」は、今後のリーダーシップの大切な要素のひとつになってくるのではないでしょうか。

もちろん、質が悪く程度の低い「思い」でいいはずはありません。直感的に心に浮かぶ「思い」は社会に認められるものであり、社会が必要と感じるものでなければならないでしょう。

❖先頭にたつ「積極性」は、メンバーの当時者意識を欠如させる

ここまで「強いリーダー」の思考力を支えている論理的思考について考えてきましたが、ここからは行動力を支えている積極性に関してじっくりと考えていきましょう。

前節で、大ベストセラー『7つの習慣』の一番目の習慣としてあげられている、「主体性を発

揮する」ということ、つまり自己確立・自己主張をするということが積極性につながっていくということをお話しました。

しかし、「主体性」は7つの習慣のスタートで、決してゴールではないのです。著者のコヴィーは、「主体性」から始まる個人の成功の次にチームの成功を手に入れることの重要性を述べているのです。そのことを「相互依存」という言葉で表現しています。

主体性のない単なる「依存」から「自己を確立し」、さらに自立した個が集まり、相互に信頼し補完しあう正しい「相互依存」を手に入れることが、チームづくりのゴールだと言っているのです。

少し話は変わりますが、フィールドワークを通じてリーダーシップを学ぶという「リーダーシップアドベンチャー」というプログラムがあり、私自身このプログラムをリコーヒューマンクリエイツ（株）が主宰する研修会で数回体験したことがあるのですが、まさに自立した個と相互依存しあうチーム全体の価値を体感したことがあるので、そのときのことについて触れたいと思います。

私たちのチームは、朝から出された課題に対してチーム全体で懸命に取り組でいましたが、2、3の課題をやるにしたがい、自然とリーダーシップを発揮する人間が現れました。そして、その人間を中心とした動きになったのです。

しかし、とある課題に対して、このリーダーを中心にその下でみんなが動くというスタイルは機能しなくなったのです。

その課題は、Ａ４の紙に書かれた図形を覚え、それを地面に再現するというものでした。紙にかかれた図形は、単なる直線の組み合わせです。

地面に再現する際に使われるのは、幅が30㎝程度、長さが短いもので50㎝ぐらいから長いもので２・５ｍ程度の長さの板です。さらにそこには板どうしを組み合わせるための切込みがそこかしこについていました。板は全部で10枚ほど。

つまり、紙では平面的、かつ直線だけの図形が、実際に地面に再現するときには、板の幅や切り込みの方向など、立体的な判断が必要になるのです。

この課題に最初のうち私たちは、そのリーダーがその図形を覚え、みんなに指示を出すというやり方で臨みました。しかし、それぞれの板の切り込みは微妙な差異があり、どうしても紙にかかれた図形どおりの姿を再現することができません。リーダーの困惑もピークになろうとしたとき、あるひとりのメンバーの意見をきっかけに私たちの動きはガラッと変わりました。

「５人いるんだから、それぞれ責任分担箇所を決めて、そこの部分はしっかり覚えて再現するようにしませんか。自分の責任箇所以外は、一切見切りをつけて覚えない、というのでいきませんか」「でも、全体像をだれか見てるほうがいいんじゃないの?」「いや、ある程度のイメージはみんなすでに持ってると思うので、かえってそういう人がいないほうが混乱しないと思うのです」

みんな、その意見に同意しました。

私たちは、自分の責任箇所をディテールまできめ細かに覚えました。それこそ必死です。自分だけいい加減な覚え方だとおそらく全体をまとめあげることができないことが容易に想像できたからです。

そして、この取り組みは、見事に成功しました。

私たちは、非常に貴重な体験をしたのです。まさに「自立」した人間たちの「相互依存」という体験です。

もし、リーダーの立場にたったメンバーが、あくまでも自分の強いリーダーシップに固執していたら、それは起こらなかったでしょう。他のメンバーの率直な提案に耳を傾け、むしろ一歩退いたところに自分を置くことによって、メンバー全員の集中力は高まり、チームの成果創出力は高まったのです。

「主体性」とは、積極的に前に出るだけではなく、すべてを見渡した結果、時にはあえて引いた態度を示す。そんな懐の深いものでもあるのではないでしょうか。

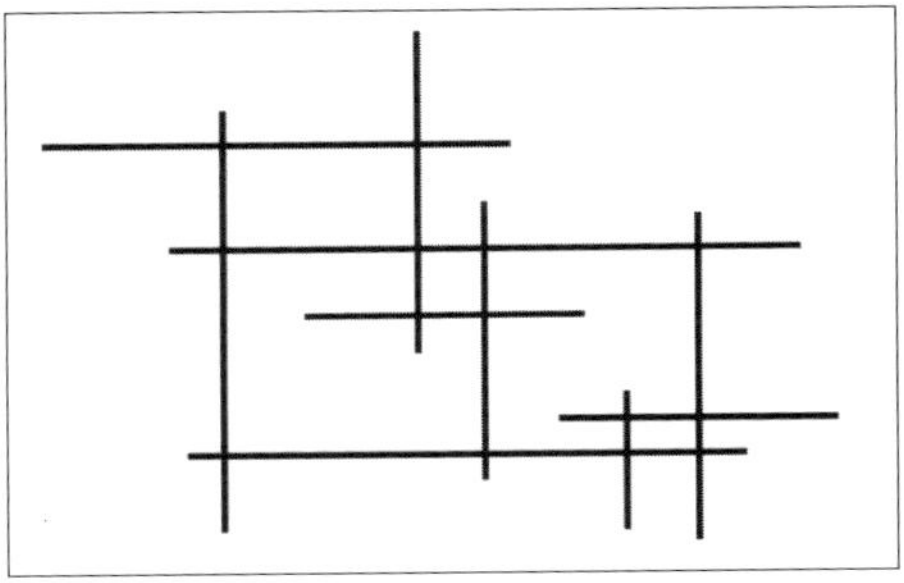
記憶をたよりに図を再現してみました。正確ではありませんが、イメージだけ共有してください

❖「陽気な積極性」は、静観のノイズとなる

前節でＨＢＳの例をあげながら、そこで教壇に立っていたコッターが「外向的で高いエネルギー」がなければ変革型リーダーにはなれないということを主張しているというお話をしました。この「外向的で高いエネルギー」を持った人とはどのような人を想像しますか？　明るく、ユーモアセンスにあふれ、社交的、外向的で、雄弁というところでしょうか。そういう人を例える言い方として「陽気」という言い方があります。

反対に暗い、寡黙、内向的という人は「陰気」と表現します

ここでは、陽気さをはじめとする「陽性」のエネルギーと、それに相対する「陰性」のエネルギーの比較をしてみたいと思います。

たとえば行動における「陽性」「陰性」を考えてみると、「陽性」の行動としては、瞬時に実際の行動に移すことができる「行動力」をイメージすることができます。「陰性」の行動としては、じっくりと事にかまえ、最後まで粘る「忍耐力」をイメージすることができます。

また、思考においても、「陽性」の思考は、「発想」という面で語れると思いますし、「陰性」の思考は、「分析」という面で語れると思います。

このように、「陽性」「陰性」とはあらゆる面で対になっているもので、どちらが良くてどちらが悪いというものではありません。

特に、東洋的な考え方では、男と女、昼と夜、剛と柔、明と暗など「陰陽」そろってすべては成立しているとしています。

もともと、日本人はそれほど陽性な民族とは言えません。アメリカと違い基本的には単一民族国家であり、集団では、暗黙の理解のようなものが重視されます。それゆえ、言葉も主語があいまいで、自分の意思を主張する際にも含みをもった言い回しが多用されたりもします。

ある時期までは、ビジネスの現場でもそのような国民性をベースにしたあいまいさが、外国人にとっては、理解できず、すれ違うことも少なからずありました。

ビジネスの世界においては、「陰性」はマイナス評価の対象にはなっても、決してプラス評価されるものではありません。

私は、人材アセスメントという、人がグループ討議など複数のワークへ取り組む姿を観察し、分析することで、その人の仕事力を解析する仕事もしているのですが、その人材アセスメントを使ってよく採用のお手伝いをしています。

その際、グループ討議を観察していて、「この人、優秀だな」と感じる人の中で、グループ討議がスタートしてしばらくほとんど発言しないでじっとしているという人がいます。いわゆる、「陰性」な人です。

もちろん、そういう人すべてが優秀なわけではありませんが、優秀さを感じさせてくれる「陰性」な人は、行われている討議のレベルが低い場合や、ひとりの人の強引な誘導が目立つときなどに、「こういうことでいいんでしょうか?」という投げかけや、「今話されていることは、求められている答えにつながっているような気がしません」という発言をして、場の方向性を修正してくれるのです。

グループ討議後、企業側からは案の定「彼は、いい発言してたけど、前半何も言わなかったし、どうもあのこもった感じが……」とその人の「陰性」について疑問を示します。しかし、その人は明らかに場に影響を与え、よりよい方向へと導くリーダーシップを発揮したことは確かです。

「陰性」のリーダーは、一見状況に流されがちに見えますが、状況に無理に抗することなく流されることで見えてくるものがある、ということがわかっています。特に激しい変化にさらされる昨今のビジネス状況では、あえて静かに事態を眺めることで全体像が見えてくることもあります。「陽性」のリーダーシップは、ときによっては静観しなければいけない場面にノイズを振りまく結果になるのではないでしょうか。

❖「勝ちにこだわる積極性」は、負けることの価値を理解できない

経済社会の基本に「競争」という概念がある以上、そこには「勝敗」という考え方が必然的に

存在します。

競争に勝たなければ、撤退を余儀なくされる場合も多いのですが、この場合の「勝敗」は決して短期的なものではありません。

そもそも、もっとも大事なことは、「事業の目的は何か」ということです。前にも述べたゴールデンサークルの中核「Why」が何かということです。

たとえば、地域に根付いた住宅建築会社がWhy（目的）を「地域の繁栄と発展のため」ということにおき、「地域の人が、住む家を通じて幸せになる」ことをミッションと捉え、「自他共に認める地域Ｎｏ１になる」という目標を掲げているとします。

しかし、その会社のリーダーが、短期的な視点に陥り、売上でＮｏ１になるということだけに意識がいっているとすると、「とにかく売上目標必達！」と檄を飛ばしながらメンバーを鼓舞する、まさに、勝ちにこだわる積極性のあるリーダーになっていくでしょう。

しかし、長期的な視点にたてば、全国レベルのハウスメーカーにネームバリューで負けることや、住宅の質ではない低価格戦略の会社に負けることがあって当然だと考えることができるかもしれません。

むしろ、その「負け」から「自他共に認められる地域Ｎｏ１になる」ためにまだ足りていないものや、もっと磨ける強みを再確認できるのです。

勝ち続けることはまたおごりを助長します。

むしろ、成功体験が多いほど「こうすればいい」という知恵が、「こうしなければいけない」という固定概念になり、それがどんどん強くなると会社の風土にまでなるのです。そのようになってしまっては、新しい流れを見失うという柔軟性に欠けた危険な状態になります。いわゆる勝ちパターンに固執するということが起こるのです。

それでは、本当の目的（Why）の達成から遠ざかる危険性が高まります。

自分たちが提供すべき価値に根付いていれば、たとえ一時その価値を理解してもらえずに負けることはあっても、いずれその経験は自分たちの提供する価値をより高めることにつながるのです。

ビジネスの世界でもよく読まれる「孫子の兵法」の中核となっている概念は、「戦わずして勝つ」ことが最良の戦い方だというものです。これは逆説的に、常に勝ち続けることを否定する言葉でもあるのです。

ビジネス・シーンに置き換えても、「今は競争するよりも撤退をしたほうが良い」、つまり今は負けておこうという判断も、実に優れた戦略のひとつではないでしょうか。

「今回は、負けてもしょうがないよ」

時には負けを認めるリーダーが、これからのビジネス・シーンでは必要とされるかもしれません。

第5節　なぜ今、「弱いリーダーシップ」が必要なのか

❖今後の企業にとって「創造性」こそが最重要課題になる

すでに、誰もがその現実をリアルに感じている2つのトレンドがあります。ひとつは、グローバル化で、もうひとつはＩＴ、インターネットの急拡大です。

この2つのトレンドにより、２０００年代に入ってから新興国の台頭が顕著になり、世界経済への参加者が格段に増加しました。先進国、新興国間の競争や連携という形でその現象は現れていますが、参加者が増えたことにより、「はたして日本は、世界の中でどのような役割を担うべきなのか」という課題が大きくクローズアップされています。

新興国が労働集約的な商品・サービスを世界に送り出すことで力をつけている中、日本や先進国は、より資本投下の必要な商品・サービス、また知的付加価値の高い商品・サービスの開発をしなければいけなくなっているのです。

「そんなことは、大企業が考えることで、中小企業は関係ない」と考える中小企業関係者もまだ多いのが現実ですが、新興国もこれからは、知的付加価値の生産力を高めてくる可能性が高いのです。高度情報化社会は知的レベルの格差を大幅に縮めているのですから、現段階では下請けモデルの中小企業でも、悠長に構えていることはできないのです。

つまり、「創造性」が企業の生き残りの絶対条件になるのです。

❖西洋的な縦型組織の限界

20世紀のビジネスは欧米を中心に発達してきたと言っていいでしょう。それは、簡単にまとめれば、資本主義をベースにしながら、西欧的な合理主義に基づいた価値観を持って、ビジネスを推し進めていくという考え方です。

その価値観を具体化している考え方は2つあります。

ひとつは「競争」という概念です。

20世紀後半、工業化が進み大量生産の時代がおとずれました。その結果、市場は拡大していき、自然と競争という概念が生まれてきました。強者は弱者を打ち負かしより強くなり、大は小を飲み込みより大きくなる。弱肉強食の時代になったのです。

西洋的考え方と東洋的考え方の違いを表す次のような言葉があります。「東洋は自然を調和する対象と見るが、西洋は自然を駆逐する対象として見る」というものです。

西洋の概念には、古くから戦い勝ち取るという意識ベースがひかれていると考えていいのではないでしょうか。おのずと、組織づくりも戦いに勝つことを目的とした考え方でなされているはずです。

そのような戦いのためにもっとも優れた効果を生み出す組織の代表は軍隊です。

西洋的考え方のふたつめは、軍隊を代表例とする「縦軸を主体とした組織作り」です。トップが決め、下が実行するという上下関係をベースにした縦軸の組織では、リーダーシップ論も上に立つ者としてどのような振る舞いが適切なのかということが焦点となります。

この縦軸をベースにした組織論は、前に述べた「競争」という概念と非常によくマッチします。トップの考えはスピードを持って下に伝わり、上から下への行動指示は絶対ですので、迷うことも、無駄が生まれることもありません。大変効率の良い結果を生み出し、それは競争での勝ちへとつながっていきます。

ただし、この縦軸の組織が機能するためには、非常に重大な条件があります。

それは、「トップの判断が間違っていない」ということです。

トップの判断ミスが大敗につながるという戦いの事例は、洋の東西、時代の新旧を問わず明らかにされていますが、国際経済環境が複雑で不確実な状況の中、絶対に判断ミスを犯さないと言えるトップはどれだけいるでしょうか?

方針が正しければ、行動規範との間になんの矛盾も起きないわけですが、方針が危うい中で行動規範だけが厳しく制御されるようでは、組織全体どこにも危険を察知するアンテナ、触覚を持たない状態でいるということになってしまいます。
このような組織が「創造性」にふさわしい組織といえるのでしょうか?

❖【実行】から【発見】へ―「弱いリーダー」のすすめ―

資本主義の発展段階や、世界的な高度成長の時代には、前に進めていくひとりの人間の強い思いが必要であり、大きな結果を生むこともできました。その人間は、カリスマと呼ばれ、強烈な変革の方向を示し、時代を革新させていきました。もちろん、今でも、リーダーが【実行】への方向性を示すのは重要ではあるのですが、「正解への道」がひとつではなく、もしくは直線的ではなく複雑に入り組んでいるような今の社会では、どのような【実行】を計画するかという点について、リーダーひとりだけではなく、組織全体で考える必要性が高まっているのです。時には、リーダーは自分の考えとは異なる別の道がみつかることを容認できなければいけません。新しい時代の組織運営には「正解への道」を【発見】するというプロセスを組み入れていくべきなのです。

つまり、これからは【発見】と【実行】という性質の異なる活動をリードしていく力がリーダーには求められるのです。

【実行】には「強さ」は必要ですが、【発見】には「強さ」は必要ではない。むしろ時には邪魔になることすらあるということは前節でお話しました。つまり変革のために何か新しい道を見いだす際には、強いだけではなく、弱さを示すことが必要なのです。

これが、本書でいう「強いリーダーから弱いリーダーへ」という発想転換のツボなのです。

従来の価値観がある日、まったく通じなくなる、いわば不連続の時代には、がむしゃらに競争するだけでは勝てないことが多くなっています。それは、正解がみえないからです。確かな正解が見えていれば「強いリーダー」は、そこに向かう方向を示して、組織を力強く鼓舞し、引っ張っていけばよいのですが、正解が見えないときは、思い切って引いて「弱いリーダー」になってはどうでしょうか。

そんなとき、実は東洋の思想が重要なヒントを示してくれます。私は日本人のＤＮＡには、東洋的考え方が組み込まれていると考えていますが、それをベースにした「弱いリーダー」という発想こそ、日本人にもっとも適した姿なのではないでしょうか。そんな「弱いリーダー」の活躍ぶりを、次章以降でご紹介しましょう。

第2章

「弱いリーダー」ってなんだ!?①

――「論理的思考力」を疑ってみる

第1節　若手社長、川上武（42歳）の改善計画はなぜうまくいかなかったのか？

❖「ムダ」が生む幸せな関係を忘れていませんか

まず最初に、論理的思考力の落とし穴といえる「ムダ」の持つ価値について、具体的事例にもとづいて考えていきましょう（以下、社名、人名はすべて仮名です）。

竹芝機械は、神奈川県川崎市に本社を置く精密機器部品の製造販売会社だ。従業員数はおよそ500人、本社事務所を川崎に、製造工場として川崎と鶴見、横浜の3工場を持っている。新聞やテレビなどのメディアであまり名前を聞くことはないが、竹芝は、パソコンやスマートフォン向けの部品加工技術に定評があり、精密機器部品の分野では、世界でも10本の指に入る優良企業だ。

なぜ、本社がある川崎ではなく、鶴見、横浜という本社に近接しない地区に工場を増設してきたのかというと、正直なところしっかりとした戦略の下に選定されたというわけではなく、増産の必要性に迫られた時期の竹芝機械の財力で調達できる場所がたまたま鶴見であり、横浜だったということにすぎない。

しかし、その竹芝も、グローバル化の波をうけ、海外企業との競争は激しさを極め、コスト削減のために、徹底した効率化が求められている。

「それでは、本日のメイン議題である、倉庫の増設に関してです」。竹芝の社長、川上武（42歳）は話を切り出した。

川上は、竹芝の前社長、竹芝徹の「これからグローバルに展開するためには、同族的経営から脱却し、新しい風を入れなければいけない」という考えにもとづき、営業部長という立場から10人抜きの大抜擢で2年前に社長に就任した人物である。

営業部長時代から、川上は、「業務の効率化推進」の必要性を社長に訴え続けており、経営を担う立場になってからは、「業務の効率化推進」を最大の経営課題として位置づけ、自分が先頭にたち、なんとしても成し遂げる覚悟を持っていた。

「この数年、職場ごとの細かな改善が進められ、生産性も着実にあがってきています。そこで、いよいよ全社的な製造ラインの『業務フロー』について検証することにしました。そのためには、決して少なくない投資も必要となるため、業務効率化コンサルティングに定評のあるＡＣＰにも入っていただき、工場全体、さらに周辺の関連施設までの業務の流れについて検証しました。」

ＡＣＰというのはアメリカ発のコンサルタント会社で、自社内に調査部門を持つ余裕のない日本の中堅の会社の多くが、ＡＣＰに業務効率化の依頼をしている。

「さて、フローを解析した結果、倉庫について問題があることが分かりました。横浜、鶴見の工場内にある倉庫は小さいため、製造途中の『仕掛品』を置くだけしかできず、加工前の『材料』や出荷前の『完成品』を保管する倉庫が、川崎本社内にしかないのは、すでにみなさんもご存知のとおりです。そのため各工場と本社倉庫間でものを出し入れするための時間のムダが多く、それを無視できない状況にあることが分かりました。そこで、鶴見と横浜それぞれに倉庫を増設し、各工場ごとに材料、仕掛品、完成品の一貫した保管体制を整えたいと考えています」

川上はさらに続けた。

「ACPにシビアにコスト計算をしてもらいましたが、全体として20％程度の運搬時間の短縮が可能になり、そこから生まれる利益と横浜、鶴見の倉庫家賃を照合した結果、収益に対してプラス8％の効果が得られるということになりました。コスト面の改善に迫られている現状において、この8％という数字は見逃せません」

説得力のある川上の説明に役員たちは大いに納得したが、会長の竹芝徹には「そんなに、計算どおりうまくいくのか？」という想いが頭をよぎった。

しかし、「まあ。俺の時代とは、いろいろなことが違うんだろう」と思うことにして、言葉を飲み込んだ。

こうして、倉庫増設の計画は実行に移された。

ところが、新しい倉庫が稼働してから数か月後、不良品の発生率が増加しはじめるという極めて悪い結果を見せつけられることになった。その事実を知った会長の竹芝徹は顔面蒼白になり、川上をよびつけた。

「この不良品の発生率はなんだ。いままでの0・5%が、倉庫増設以降、0・8%、1・2%と増加しっぱなしじゃないか」

「申し訳ありません。わが社の工場の品質管理部門を信頼しており、不良品発生の上昇はまったくの想定外でした。なぜなのか、いま、調査中です。申しわけありません」

川上も、コンサルタント会社のACPも不良品の増加に納得できる理由は見つけられなかった。

そんな時、開けっ放しの会議室の中からこんな声がもれてきた。

「裕也、純哉んとこの2人目、女の子だったってよ、聞いたか」

「あ、そうなんだ、知らなかった。純哉とは、あんまり会わなくなっちゃったんだよ。倉庫が分割されてから、俺たち品質管理の部門も3つに分かれたからな」

「そうだよな、俺ら運送部の人間も、配送は楽にはなったんだけど、どうもな。あんまりみんなに会わなくなって、よくわからなくなったことも増えたよな」

川上は、はっとした。この話の「倉庫増設によって以前より会わなくなった」ということと、不良品発生の増加率の上昇が機を一にしていたからだ。川上は、会議室をのぞきこんだ。そこにいたのは、横浜工場の品質管理部門の町田裕也と運送部門の白石通という若手ふたりだった。そして話題に出た渡辺純哉も川崎工場の品質管理部門の人間だ。

「お、おつかれさまです。すみません。今、定例会議が終わったばかりで、すぐに出ます……」

決まりが悪そうに、そそくさと出て行こうとする2人を呼びとめ、川上はこう尋ねた。

「君たちは、川崎工場で、ほかの部門の担当者とよくあって話をしていたのかね」

「まあ、話ってほどのもんじゃないですけど、行けば、そこに誰かがいるので。仕事の話や、プライベートの話なんか自然と話題が出てました」

「仕事の話って、どんな、話をしているんだい」

「どんなって、いや、たいしたことじゃないですよ」

そこに、白石が口を挟む。

「でも、おまえ言ってただろう、純哉のあの一言がなければ、韓国へ出す製品、大変なことになってたって」

「そうだ。あの時、純哉が、材料の耐熱変化の計算、ちょっと甘いんじゃないかなっていう話をしてたんで、それで、俺もう一度、設計部門の担当に計算依頼をしたんですよ。純哉、数字オタクだから、結構いいとこついてることが多いんですよ」

「その修正は、きちっとした指示書として提出したのかね」

「いや、すみません、申し訳ありません。急いでいて、口頭で、すましてしまいました」

「う〜ん、そうか……。次からは、指示書として提出するようにね」

「はい、すみません」

町田は、思わぬところで、自分のミスを指摘され、落ち込んだ。川上が、見えなくなったところで、白石とぐちった。

「うるせえよ、何でも、書類、書類って。会って口きいてれば、いいじゃねえか、なぁ」

「ばか、どこかで、聞いてるよ、誰かが……会社ってのは、そういうところなの」


この会話でわかるように、以前は川崎工場にしか完成品の倉庫がなかったため、最終の各工程の品質管理の人間が倉庫に頻繁に出入りしていたのだ。さらに運搬担当の人間も加わり、実は川崎工場はアンオフィシャルな情報交換の場となり、そこで交わされた情報――それらの多くは文書化されていなかった――が各工場に伝わっていたのだ。倉庫の増設、レイアウトの変更により、このような目に見えない情報の共有が途絶え、その影響が不良品の発生率に現れていたと考えることができるかもしれない。

集まった彼らは、何とはなしに「情報交換」をし、それによって他の工程で起こっている不良品の発生や、工程の不具合などの情報が密に交わされていた。そして当人たちはたいして意識をしていなかったが、そこで得た情報を、意識的にしろ、無意識的にしろ、自部門の業務推進に反映していた。実は川崎工場の効果は絶大だったのだ。その貴重な場所が、レイアウト変更によって失われてしまった。

品質管理者たち自身も、倉庫が彼らの情報共有の場所として機能していたという実感がなかったため、業務フロー解析に意見を求められたときにも、そのことは置き忘れられてしまったのだった。

川上は急ぎ情報共有システムの立ち上げに取り組んだが、不良品の発生率が劇的に改善されることはなく、そのため品質管理体制の強化という課題にも迫られ、更なる投資を余儀なくされた。

❖東洋思想が教えてくれること①

「人みな有用の用を知りて、無用の用を知るなきなり」（荘子）
――人は誰でも「有用の用」は知っているが、「無用の用」には気づいていない

大地は広いけれども、今この瞬間私たちにとって必要なのは足を置くわずかな面積にすぎない。だからといって足の大きさだけを残して周囲を地底まで掘り下げてしまったら、残した部分は役に立たなくなる。という挿話が書かれています。

「有の以て利を為すは、無を以て用を為せばなり」（老子）
――有用で利益が出るものは、役に立たないところがあってこそ生まれる

車輪というものは三十本の輻《や》が中央部の轂《こしき》に集まって出来ているが、その轂に車軸を通す「穴」があいているからこそ用をなす。また、器は何もない空間があってこそ用をなし、家もその何もない空間こそが家としての用をなしているという挿話があります。

❖「関係の質」の向上を意識する

リーダーに求められる資質として、「強い決断力」「論理的思考力」などいくつかの能力がありますが、特に「論理的思考力」は必ず持ち合わせなければいけないと考えられているようです。多くのビジネス書では、当面する問題・課題を論理的に考えぬき、その方向に沿って戦略を立て、組織を組み立て、解決へ導くことが推奨されています。そして、その発想を持つこと、実行できる強さを持つことこそが、優れたリーダーへの道だと考えられています。そして、このような「論理的思考」が対象とするテーマは、多くの場合「効率」です。

かの有名なトヨタ自動車の「カイゼン」のキーワードのひとつに「ムダ取り」があるということはすでに述べましたが、これは、作り過ぎのムダ、手待ちのムダ、運搬のムダ、加工そのもののムダ、在庫のムダ、動作のムダ、不良品をつくるムダなどかなり詳細に理論化され、それらを「洗い出し、排除して」いく、つまり効率的な生産工程を限界まで求める考え方で、世界中のモノづくりの現場に大きな影響を与えました。

たしかに、これはこれで正しい理論であることは間違いありませんが、効率を求めることと新たな創造を求めることでは、異なる視点が必要なのではないでしょうか。

私たちが、仕事をしているとき一見ムダに思えるようなことが実はとても大切だということがあります。

よく職場の端にパーテーションで区切られた打ち合わせスペースを目にすることがありますが、あまり有効に使われている感じがしないことが多いのではないでしょうか。そのスペースをもっともよく使っているのが、ランチのときお弁当を食べる女子社員だったりすると、そこは、事務スペースが手狭になったら撤去される候補の一番目にあげられるのは間違いありません。もっともなことではありますが、その場で交わされるコミュニケーションがチームプレイのために非常に重要なことも多いのです。

マサチューセッツ工科大学のダニエル・キム教授は、高い成果を創出できる組織には、「成功循環モデル」があると言っています。

高い成果、いわゆる「結果の質」を高めるためには、当然「行動の質」が高くなくてはいけませんが、その「行動の質」を高めるためには「思考の質」を高めなくてはいけないと教授は言っています。たとえば、営業売上の結果をよくするために、顧客訪問件数を増やさなければいけないという場合、ただ単に訪問する目標件数を意識しているだけの人と、訪問の前に充分提案内容を考えている人では、同じ「訪問」でもその「質」は変わってくるということです。当然「結果の質」も異なります。

ここまではよく理解できるところだと思いますが、ここからダニエル・キム教授はさらに「思考の質」を高めるためには、「関係の質」が大事だと言っています。

「結果の質」、「行動の質」、「思考の質」、ここまでは良くわかるのですが、「関係の質」って何？「関係の質」というのはちょっと聞きなれない言葉……。これは、キム教授によれば、チーム内の相互関係が良好でなければ、いい思考にはならないということで、結果を求めるならば、行動だけに目をやるのではなく、むしろ相互理解し尊重しあえる関係を築くことから始めなくてはいけないと言っているのです。その関係が築ければ、前向きに一緒に考え、気づきが生まれ、そしてその思考から建設的で自発的な行動となり、おのずと結果がよくなるのです。結果が良くなればさらに関係が良くなるという上向きのスパイラルが描けるのです。キム教授はこれを「グッドサイクル」と名づけました。そして同時に、「バッドサイクル」も提示しています。

バッドサイクルのスタートは、「結果の質」です。たとえば成果が上がらないということだけに目を向けると、犯人捜しから始まる対立や、強引な命令が下される事態が生じ、関係の質が悪くなります。そして、関係の質が悪いと受身であったりそもそも興味関心が薄れます。そうなるとおのずと受動的な行動、回避行動などが起こり行動の質は低下し、さらに成果があがらないという結果になると言っているのです。その流れを図示すると左のようになります。

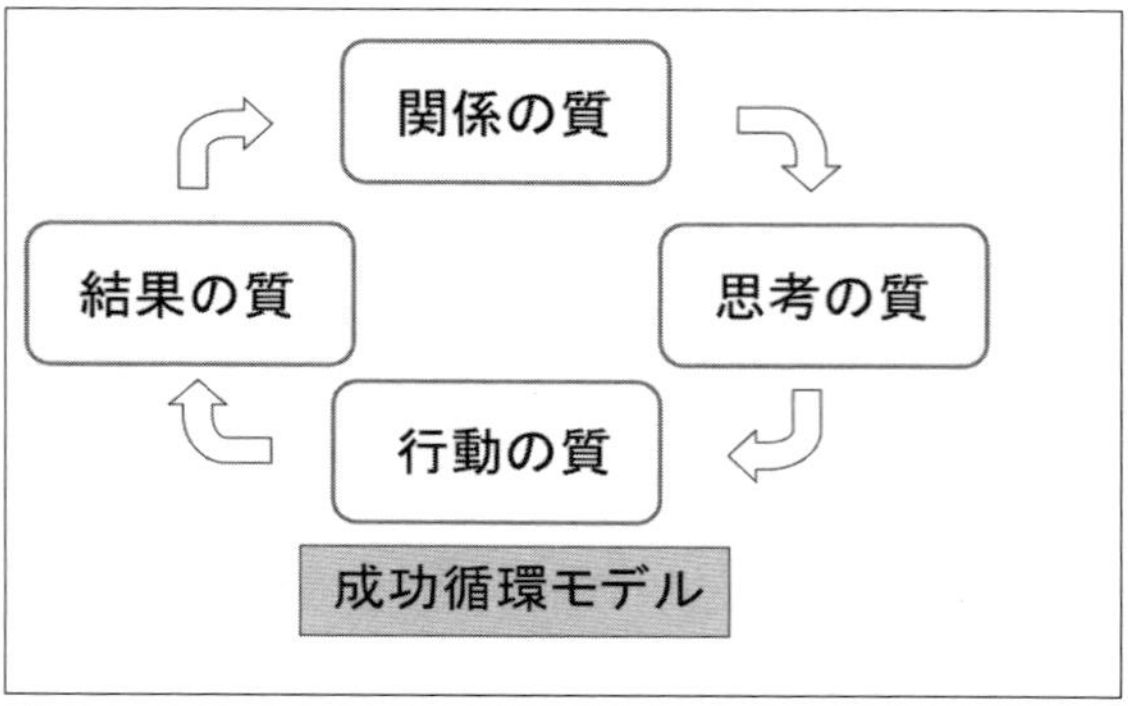

ダニエル・キム提唱の「成功循環モデル」を参考に著者作図

では、その「関係の質」というのは、どういうふうに構築するのか。これが、なかなか難しく、こうすればこうなるぞ、といったふうにわかりやすく説明できないわけです。しかし、竹芝機械の例にもあるように、意図的ではない、本人たちにも無意識な状態の自然な流れの中で生まれるコミュニケーションが、実は組織の「関係の質」に非常に役立つのは間違いありません。関係の質がよければ、その間で流れる「情報」が非常に有効に活用されるのです。

昨今高度な情報化社会といわれ、ＩＴを使って大量の情報があふれ出ていますが、ひとりでそれに立ち向かっていると、その量に圧倒され的確な情報を選びだすことができない、そんな経験をされた方も多いのではないでしょうか。ＩＴ上での情報共有、それは今や主流で当然の考え方となっていますが、意外に親しい人からのちょっとした情報が、手助けとなることは多いと感じます。人と人の間にある「信頼」が情報の質を高めるのでしょう。そこは、今も昔も変わらない気がします。

私は、「関係の質」の向上に役立つもののひとつとして「ムダ」に着目したいと思っています。

❖「ムダな時間」を積極的に作り出してみる

竹芝機械の場合、倉庫増設を決定した理由は、それまでかかっていた運搬の手間と時間を短縮して、時間あたりの生産性をあげようというものでした。一般的にも、効率化を図るときにもっとも注目されるのは時間です。

では、まず最初に「ムダな時間」の有効性を考えてみましょう。

一般的には、「ムダな時間」を短縮して生まれる新たな時間を、それまで手がつけられていなかった重要なことのために使おうというのが王道です。それは有限の時間を可能な限りフル活用しようというまさに効率的発想に基づくわけですが、それが質の高い仕事をするためにすべて有効に働くとは限らないと、私は感じています。

特に、創造的な仕事、たとえばまだ表に出てきていない問題・課題を発見するとか、新しいアイデアを考える、企画を組み立てる、という類の仕事のためには、頭と心に余裕が必要なのです。

見方によってはムダな時間と捉えられても。

参考にしたいのは東洋思想です。東洋思想では「空き」は「無」と考えます。しかし「無」というのは何もないという意味ではなく、無の反対の「有」のためにとても大切なものだと考えているのです。

老子は「粘土をこねて作った容器も、空間『無』の働きがあって、はじめて容器としてその役割を果たすことができる、『無』がなかったら『有』もないのだ」と言っています。たしかに容器に空間がなかったら容器になりません。つまり無は有を存在させるための基本的要素だということです。

さらに、東洋思想には「無」には目に見えないものがたくさん詰まっているという考え方もあり、「無・空き」は決してムダなものだとは考えません。

私は、この「無」には目に見えないものがたくさん詰まっているという考え方は仕事をしていく上でとても大事なものだと思っています。何か次の新しい段階に仕事を進めていくこと(ブレークスルー)は、今、目の前にあるものではなく、形になっていないけれども自分の頭と心の中で「空想・想像」している何かがなければいけません。

誰かが、瀬戸内海にかかるとてつもなく巨大な橋を想像しなければ、瀬戸大橋はできませんでしたし、誰かが、東京タワーより高いビルを想像しなければ、東京スカイツリーはなかったのです。私たちの身の回りにあるもので、自然が生み出したもの以外の事物は、かつて必ず誰かの頭の中で「空想・想像」されたものなのです。そして、それは効率的にムダをはぶき、きれいに整理整頓されたスケジュール・ソフトや手帳の中ではなく、頭の中の空きスペースにある日、ぽんと生まれてきたものなのです。

私の知り合いで、スケジュール帳が常にビッシリ埋まっていないと気が済まないという営業マンがいますが、その人はなんでもかんでもスケジュール帳に記載してすべてを予定化していました。昨今のビジネス用語で言えば「ヴィジュアル化」するということです。そして「ヴィジュアル化」することで、どんどんムダをはぶいて生産性を高めていくことができました。たとえば、水曜日の午後、2時間空いたら、そこに「A社に提出する企画書の作成」と入れたりするのです。その瞬間、彼の頭の中では、A社用の企画書は水曜日の午後に完成しているわけです。そして、A社の担当者に「企画書については、おそくても金曜日にはお渡しできます」と伝えます。

ところが、水曜日当日に思うような企画に仕上げることができません。さらに不幸なことにスケジュール帳をビッシリ埋めることが趣味の彼の木曜日のスケジュールには、それをカバーするための余裕時間がありません。折角一日分の余裕を以って提出の約束を金曜日にしましたが、その約束は守ることができなくなりました。

実は、このようなことが彼には頻繁におきていたのです。最終的には「彼の約束は当てにならないからな」という悪評までたってしまい、残念な目にあっていました。

彼のミスは、企画書をつくるための「考える時間」の見積もりを誤ったことです。おそらく企画書に取り掛かってはじめて、着手する前にイメージしたとおりに考えがまとまらないということに気づいたのでしょう。「考える」という創造のための時間は、予定通りに組めるものではなかったということです。

私から見ていると、彼はただスケジュールを「こなしている」だけのような気がします。

自分のスケジュールを管理していくときに、「予定だけで自分を縛りつけない」ようにして、必ず何に使うか決まっていない「空き」を作っておくことが大事なのです。つまりスケジュール帳の中に「無」を作るのです。効率的な時間管理から見ればムダかもしれませんが、2時間でも、3時間でもかまいません。アポイントをいれず、こなさなければならない予定もいれない手帳の中の空白部分を作るのです。

その時間は、ただひたすら無目的な物思いにふけったり、日頃落ち着いて考えられないことを考えるために使います。そんな「ムダな時間」は、新たな発想を広げるためのものです。ただ真っ白い「ムダな時間」に面と向かったときの自分を想像してみてください。これまでとは違う仕事の仕方が見つかるような気がしないでしょうか。

❖「ムダ」を善玉と捉えると、世界がぜんぜん違って見える

あなたが、もし仕事ができる人間であると自負しているとしたら、他の人がうまくやれない状況についてイライラしているということは多いと思います。「こうやれば、もっと効果的なのに」、「ああやれば、取引先にうまく伝わるのに」など。

もしあなたが上司の立場だとしたら、部下に対するその気持ちは相当なストレスとなっているに違いありません。「なんてムダなことをしているんだ!」そう感じているに違いありません。

一方、部下たちも違った見地から「ムダなことはしたくない」と思っています。

余談ではありますが、最近の若い人たちはこの「ムダなことはしたくない」ということをよく口にするように感じます。部下にしてみれば、自分が達成しなければいけない結果・目標になるべく最短のルートでたどり着きたい、という気持ちを持っているのだと思います。失敗をすれば怒られる、自分の成績にも響く、いいことは何もない。

上司、部下ともに「ムダ」を排除したいと思う気持ち、最小の動きで最大の効果を上げたいという「効率」を重んじる考え方は、間違ったものではなく、正しい態度だと言えますが、そもそも誰が、何の理由でムダだと判断するのでしょうか?

上司の側から見れば、おそらく「そんなやり方、今までやってないよ」「自分の経験上、これ

はうまくいくはずがない」「前はやったこともあるけど、今はもうやってないよ」などそれまでの経験から導き出された（上司自身の）主観的な判断が基準になることが多いのではないでしょうか。

その主観的な判断基準を言われる部下にとってみれば、仕事のやり方について、上司が「これが正しい」と思うやり方、つまり正解を持っているならば、初めからそれを教えてほしいという気持ちになるでしょう。自分自身で考えたやり方で失敗したら、それこそ上司に叱責されかねません。それこそムダな遠回りをすることになります。

部下が感じる「ムダなことはしたくない」というのは、つまり当人が感じているものではなく上司が「ムダ」だと感じていることをいち早く知るということになります。他者目線のムダです。

しかし、変化の早いビジネス・シーンでは、かつて正解だったことが時代の変化とともに間違いになってしまうことが往々にしてあります。以前であれば数十年は続くビジネスの常識が今や数年、もしくは一年ごとに変化していくことのほうがむしろ常識であり、同じ方法をとりながら、常に正解であり続けることは不可能です。

にも関わらず、上司が、これが一番効率的な方法だと自信を持って指示した（部下にとっては指示された）手法をやった結果、上司、部下とも迷路にはまるというケースも最近は少なくありません。

そんな時代を乗り切っていくためには、他の人の目線で「ムダ」と判断されることでも、いったん「自分目線」で判断してみる必要もあると思うのです。正解がわからない時は、できるだけ多くの目線から見た考え方を集めるほうがいいからです。

しかし、それは「ムダな鉄砲も数撃ちゃ当たる、ということじゃないか」という批判を受けそうですが、アタリ以外のハズレ、つまり失敗にも大いなる価値があるのではないでしょうか。

実は「失敗」には、とてつもなく大きな価値があるのです。

失敗をすることで得られる大きな価値は、「失敗してしまう方法（失敗に至る道筋）」を体験できるということです。これは、失敗しなければ体得できない貴重な経験学習なのです。

野球選手の3割バッターは大いに賞賛されますが、実は7割は失敗しています。7割の失敗についてことさら語られない理由は、その失敗の繰り返しによって、失敗を減らす方法を発見して、成功の確率を増やしていくという段階的な流れがあることを皆、知っているからです。つまり、【失敗をすることで↓失敗を避ける方法を学び↓失敗する確率を減らすことで↓成功の確率を増やしていく】ということです。3つの成功のために、7つの失敗が必要と言い換えることもできるでしょう。「失敗する」ことがなければ、最終地点の「成功確立を増やしていくこと」は無理なのです。

ビジネスの場合、成功確率を上げようとするとき、「先人の知恵」を活用できる場面が多いため、どうしても上司や先輩が持っている手法や判断基準が優先されやすい。しかし、新しい価値を創造するためには、既存の常識を疑うことも重要で、そのためには上司や先輩の手法や判断基準からいったん切り離し、冷静に「自分自身の目線」で考えたいものです。

誰もが嫌う「ムダ」、それをむしろ肯定してみることで、仕事への向かい方を変える。むしろムダなことを進んでする。そして失敗を数多くする。そして失敗から学び、失敗する確率を減らし、結果として成功する確率を高める。そんな発想がこれからますます貴重になるのではないでしょうか。

❖ムダ。それは、人を育てる肥料

どうでしょうか、実は目線を変えると「ムダなことはどこにもない」ということがみなさんにもおわかりいただけたと思います。むしろ「ムダ」に見えることこそ、様々な場面で後々役立ってくる、そう、成功のための肥料です。

そして、ムダを善玉として捉えるという発想は、組織運営の際にも大変重要な考え方になってきます。もしあなたが、自分たちのチームが短期的な成果を挙げなければいけないという状況に直面していたとしたら、即数字や成果を挙げることのできる優秀な人材を揃えたくなると思います。仕事が速く、発想が豊かで、協調性があって、前向き……そのような人材だけでチームの陣容を整えることができたら、さぞかしたくましい自慢のチームとなるでしょう。

しかし、実際には1つのチームにそれだけの人材を集中させることはできませんし、人材の「2：6：2」の法則（組織をつくると、優秀な人材2割、普通の人材6割、劣った人材2割という構成になりやすい）から言っても、10割優秀な人材を揃えることは不可能です。このような現実の中で、多くのリーダーは「2：6：2」の最後の2割、つまり実力の劣る2割のメンバーを戦力としてカウントせずに成果に直結しない職務を担当させるでしょう。「ムダ」な人材と感じているのかもしれません。


しかし、よく考えて見ると「2：6：2」の優秀2割と普通の6割、劣る2割を決める基準はそもそもなんでしょうか？

それは、今行っているビジネスの成果をあげるために必要な要素を多く持っている人材が「優秀」で、必要な要素も不必要な要素も併せ持っている人材が「普通」で、今の時点では必要な要素をあまり持っていない人材が「劣る」ということに過ぎないと思います。

しかし、創造的なチームを作ることを考えるならば、今やっているビジネスへの適不適だけで判断するのではなく、ひとりひとりの人材の強み、弱みを把握し、それぞれの強みを活かすという発想のほうが有効ではないでしょうか。今やっているビジネスには決して適していない資質も、見方を変えると、他の機能として活かしどころがあるかもしれないのです。

たとえば、仕事が遅く、発想が単純で、自己中心的で、後ろ向きで……と評価されている人たち。この人たちのネガティブな要素を反転させてみると次のような可能性を感じることができます。

【仕事が遅い↓仕事をゆっくりとていねいにこなしていく】

【発想が単純↓ひとつの発想を徹底的に深堀りしていく】

【自己中心的↓自分で決めたことは最後まで貫く執念がある】

【後ろ向き↓用心深く慎重に判断する】

この4つの面を持ち合わせているとしたら、その人は今すぐ結果を出す仕事よりも、じっくりと未来のために考える役割のほうが向いているのかもしれません。

一見「ムダ」と思われてしまいそうな人材が、置かれる場やタイミング、そして担う役割などが変化することで、突然強みを発揮し優秀な2割に変身するということがないとは誰も言い切れないのです。

もちろん、ここで挙げた要素は一例ですが、組織にとって普通や劣るとされる人材、「ムダ」と思われていた人を、くるりとひっくり返すことで大化けする可能性があるということを認識しているかいないかは、これからの組織リーダーにとっては大変、重要なセンスになってくると思います。

その際に、リーダーが持ち合わせなければいけない大事な視点が時間感覚です。今すぐ結果を必要とするのならば、「ムダ」を省き優秀な人材を並べればそれで勝ってゲーム終了です。しかし、それは明日、もしくは半年後に有効かどうかは誰にもわかりません。

組織運営を半年のスパンで考えるか、1年か、はたまた5年、10年という長期スパンで考えるかは重要な問題です。そしてこのスパンが長くなればなるほど、「余白」いわゆる「ムダ」の必要性は増してくるのです。なぜなら、時間が長ければ長いだけ社会の変動も大きく、勝負をする場も変化してくるからです。

今日明日の「ムダ」を許容し「余白」と捉えることができるか、そしてその「ムダ」を活かすためにかかる時間の「ムダ」におおらかでいられるやわらかさ、ある意味の鈍感さなどもこれからのリーダーには欠かせないものになりはじめている気がします。

第2節　二代目当主、橘光男（39歳）がつまずいた近代経営手法の落とし穴

❖「どうしてその仕事をしたいのか」自分の心と真摯に対話をしていますか

ここでは、高度情報社会のなかで陥りがちな知識・戦略思考を超える「直観」の力について考えていきます。

華橘荘《はなたちばな》は、創業118年を迎える老舗旅館である。長野県にあるこの旅館は、軽井沢から車で40分ほどの山中に位置している。車で40分ほどといっても、森深い場所にあるため、通りすがりに立ち寄るという場所ではない。

しかし、一歩敷地内に立ち入ると、歴史の重さを感じさせる本館が重厚なたたずまいで人々を迎え入れ、非日常の空間へといざなってくれる。本館の横には、5年前に建てられた現代的感覚あふれる新館があり、本館とは異なる空間を演出している。

お湯は炭酸水素塩泉が主成分で、「美人湯」としても親しまれてきた。

華橘荘の現在の当主である橘光男氏（39歳）は、大学卒業後8年間、これからの観光旅館経営を学ぶために、東京のホテルに勤め修行してきた人物である。このホテルは、全国主要都市に展開しており、常に新しいサービスを開発・提供することで有名である。

光男氏は、そこでホテル経営のイロハを学んできたのだ。

華橘荘は、光男氏の曽祖父橘宗右衛門が「広く、人々がその心身を癒し、明日の生産の鋭気を養う場所の創設」という理念のもと、当時人々が足を踏み入れることの極めて少ない山中に、源泉を発見し開拓したことから始まった旅館である。

最初のうちは、観光業の様相を見せるということはなく、地元を中心とした住人の憩いの場として愛されていたのだが、宗右衛門の息子であり光男氏の祖父である橘酉蔵の時代に避暑地の住人の間で評判となって訪れる人が増え、次第に観光旅館として発展するに至った。そして、7年前に光男氏が華橘荘の経営を継ぐために戻ってきたのである。

光男氏が戻ってきたときの華橘荘の経営状況は決して楽観できるものではなく、ホテル経営を勉強してきた光男氏には、旅館のコンセプトを考え直す必要性が感じられたのである。まさに、常に新しいサービスを開発・提供していたホテルで学んだことが活かされるときだと、光男氏ははりきった。

さっそく旅館を取り巻く周辺環境と、旅館の現状分析を行った結果、「美人の湯」としての魅力があるにもかかわらず、女性客をしっかり誘引できていないということ、軽井沢周辺の他の旅館・ホテルと比べ、差別化がはっきりされていないことなどが明らかになった。軽井沢という地の集客力は衰えることがなく、アウトレット施設などのおかげで増加傾向にある。華橘荘もそのお客さんたちを取り込めるチャンスを持っていることも確かで、思い切った打ち出しをすれば、必ず収益も増やせると考えた光男氏は、泉質を活かして「美容と癒し」をコンセプトに女性客を取り込もうと計画したのである。

この方向転換に関して、先代である光男氏の父橘明氏との間でかなり喧々諤々の意見の対立があったことは確かである。

「この旅館を支えてきてくれたお客さんたちは、静かな佇まいの中で、日常から解放され、周りの自然を楽しむタイプの常連さんたちだったんだから、女性客を中心にして大丈夫なのかね?」

という先代の明氏の懸念に対して、光男氏は、

「他の旅館やホテルも同じような客層をターゲットにしているんだから、それを続けていると客の取り合いになってしまうよ。だから、この地に訪れるお客さんは減っていないのに、うちの売上が減っているんだよ。常連さんだけでは経営はなりたたないよ」

明氏の意見と、光男氏の意見は平行線をたどったが、「ここで思い切ることも大切じゃないか。そのためには、ホテル経営を学んだ光男さんの経営手腕にかけてみるのも手じゃないか」という周囲の声や、銀行が光男氏の経営計画に対しての資金提供を了解したことが後押しとなって、「美容と癒し」をコンセプトにしたリゾートホテル化へ華橘荘は歩み出したのだ。

まず別館を全面改装して、そこにエステの施設を取り込んだ。各部屋も女性の好みを意識したものにして、新しい方向性に向けて広報・宣伝活動をしたのである。しかし、本館は、今までどおりの雰囲気を残し、常連客を中心とした空間を継続することで、明氏の意見も取り入れた方向性を並行させることにした。

滑り出しは上々。訪れてくれた女性客からは、アメニティグッズや設備の使い勝手など、非常に細かいところの意見がもらえることも多かったので、アンケートも徹底して取り、その結果をきめ細かなサービスへと活かすことも忘れなかった。それらが功を奏し客数は増加、光男氏としては自分の分析と判断が正しかったことを誇りに思った。

しかし、新しい方向性でスタートしてから3年ほど経過したあたりから、少し様子が変わってきた。

女性客は依然増加傾向にあり、売り上げは右肩上がりなのだが、利益率は右肩下がりなのだ。また、常連客のリピート率が激減、本館の新規顧客も同時に激減しているのである。その結果、華橘荘の収益は方向性を変える前と比べ10％アップにすぎないものとなっていた。光男氏の計画では少なくても30％アップを見込んでおり、10％程度では投資の回収がおぼつかない状況である。

そんな折、光男氏は、「華橘記憶」というお客さんが自由に感じたことを書きのこせる雑記帳に、常連客のひとりの一文を見た。それは次のようなものだった。

「この旅館に通い始めて10年。本当にたくさんの癒しをありがとうございます。最初に来たきっかけは、子どもたちが巣立ったあと、妻とふたりで新しい人生のスタート記念のための旅行を思い立ったときでした。そのとき魅了され、気づいたら10年通いました。緑深い自然の中にたたずむこの旅館で過ごした時間は、私にとって本当に心地の良いものでした。

昔の風情をそのままに残したお風呂のなんともいえない落ち着きや、周辺の山々を歩きながら散策しているときに出会う自然の植物や動物との心のふれあい、そして、地元の材料を季節ごとに本当においしく提供してくれた料理、そしてそれらを大切に守ってこられたみなさんの思い。そういうすべてが詰まった場所を訪れることがとても楽しみでした。

最近では、施設も立派で綺麗になり、新しいお客さんたちが訪れるようになったようで、良かったですね。

しかし、ちょっと残念なのは、新しいお客さんたちと私たち古くから通うものでは、この旅館に求めるものがかなり違うことです。本館を昔のまま残していただいているのはうれしいのですが、全体から香り立つ雰囲気は変わりました。正直ちょっと肩身が狭くなってきた感じがしております（決して文句を言っているのではありません）。

おそらく、こちらへ来るのもこれが最後となると思いますが、この旅館が嫌になったから来ないのではなく、大切な思い出をそのままに残しておきたいから、昔の素敵な旅館をそのままにして記憶に残すためです。

10年間、本当にありがとうございました。

これから、若いご主人ががんばってこの旅館を盛り上げていくのでしょう。どこかで、ご活躍を耳にすることを楽しみにしております。」

この文を読み、光男氏は何か大切なものを見落としていたように感じた。

「美容と癒し」――。いろいろな分析手法も交えて絞り込んだこのコンセプトに間違いはない。しかしもしかすると、この土地が持っている魅力を充分発揮できていないのではないか？むしろ、この地の自然の良さを殺しているのではないか？

周囲の自然、そしてこの地に湧き出す温泉、そしてこの地の食材を活かした料理という自然が提供してくれる価値。それと、エステを目指して訪れる多くの女性客が望む、都会と同じような利便性、快適性という人間が作りだす価値。その2つの価値が並立すると考えていたが、それは難しいのかもしれない。

経営理論だけでは解けない謎に、今光男氏は向き合うことになった。どちらの価値にも魅力はある。しかし、完全な並立が難しいのならば、何を拾い、何を捨てるか判断せざるを得ない。

しかし、悩みの中で気づかされたこともあった。

それは、創業者である曽祖夫宗右衛門の「広く、人々がその心身を癒し、明日の生産の鋭気を養う場所」を提供したいという思いと、そのために当時未開の地であったこの場所を選んだ直観力のすばらしさだ。

「思い」そしてそれを叶えることのできる「場所」、この2つを代々の社長が大切に守り、育んできた結果、お客さんの心をつかむ「華橘ストーリー」があったのだ。

これからどうするか、その答えは光男氏が改めて華橘荘を通じて表現したいこと、真にやりたいことという「思い」がそのヒントとなるだろう。現段階でそれはまだ見つかっていないようだ。

光男氏の悩みは、しばらく続きそうである。

❖東洋思想が教えてくれること②

学を絶てば憂いなし（老子）
――知識に振り回されるな

学ぶべきことは「原理原則」であって、なまじその他の知識を入れ過ぎるとそれに振り回される。そして、悩みが生じる。そんな知識・情報はかえって捨ててしまったほうがいい。と言っているわけですが、あまりにも多くの情報が溢れる現代社会をもし老子が見たら、現代人の心の病の根本原因をすぐさま見つけ出すのではないでしょうか。

❖「何を（What）」「どうしよう（How）」よりも「何のために（Why）」が大事

華橘荘の場合、自分たちが持っている本来の魅力を過小評価し、通常のビジネスを構築するときと同様の切り口で自分たちの事業コンセプトを打ち出しました。それが「美容と癒し」だったわけです。

ホテル経営について学んだ光男氏は、華橘荘の経営状況を改善するために、自分たちの資源・資産を活かしながら、新たに女性層を顧客拡大のターゲットにするという方針を打ち出したのです。

その方針が間違っていると決め付けることはできませんし、光男氏の戦略が今後も失敗するとは言い切れません。

しかし、ひとりの常連客が去ったことで、自分たちが持っているとても大切な価値に気づかされました。「静かさの中で自然に帰れる空間」「118年こつこつと刻みこまれた時間」。それらは、代々の当主や従業員が丁寧に積み重ねてきた無形の資産なのです。新しいコンセプトは、その大事な資産を十分反映することができなかったのです。

売上拡大を目指したことで、本質的な自分を見失ったのではないでしょうか。

「売上の拡大」を最大の目的においた場合におきやすいことは、「売上拡大策」の立案に終始するあまり、本来自分たちが「何をしよう」としていたのか、自分たちの社会における「ミッション」は何だったのかということを軽視することです。

華橘荘の場合、「広く、人々がその心身を癒し、明日の生産の鋭気を養う場所の創設」という創業の理念と「美容と癒し」を前面に出すことが合致しているのかどうか、十分精査されたかどうかが大きなポイントとなるでしょう。

まさに、第1章であげたゴールデンサークル理論（36～38ページ）のコアに位置する「Why」からコンセプトが打ち出されたのかどうか、ということが実際の経営の仕方に大きな違いをもたらすということです。

「Why」のためにどうすれば（How）いいのか、そのためには何が（What）必要かと考える【Why→How→What】の流れで戦略がたてられたのかどうかということです。

おそらく光男氏の場合、「売上拡大」という経営目標に向かって、ゴールデンサークルの外縁「What」からアプローチし、「How」を導き出したということが容易に推察されます。売上をあげるために、自分たちの持っている資源、資産（What）をどのように(How)使っていけばいいのか、という手順で戦略を立案したのでしょう。

戦うための武器となる「What」を定め、それを使った戦い方「How」を考えるときに多くの場合使われる手法として「ＳＷＯＴ分析」というツールがあります。

自分たちが持っている強み（Strength）と弱み（Weakness）と、自分たちを取り巻く環境の機会（Opportunity）と脅威（Threat）の４つの視点から分析し、以下４方向の施策を考察するというものです。ちなみに、この４つの視点のそれぞれの頭文字をとって、ＳＷＯＴ分析という名称で呼ばれています。

・強みを活かし、機会を利用するためにどうするか
・強みを活かし、脅威を避けるためにどうするか
・弱みを克服し、機会を利用するためにどうするか

・弱みに触れることなく、脅威を避けるためにどうするか

	ポジティブ	ネガティブ
内部要因	Strengths（強み）	Weaknesses（弱み）
外部要因	Opportunities（機会）	Threats（脅威）

このように思考のプロセスを整理することで、戦略が立てやすくなるため、ビジネスを論理的に考える時に頻繁に登場するものですが、この手法にも弱点はあります。それは、強みと弱み、機会と脅威、という相反する2極で分析するため、中間的要素、たとえば会社の規模が小さいことは、弱みになりやすいけれど、時には強みにもなる、というような要素が排除されやすいということです。時と場合によって強み、弱みが逆転するということは、実際のビジネスではよくあることですから、その辺りを慎重に分析しなければいけません。

実際、ビジネスの現場では、時と場合によって強みとも弱みともどちらとも取れる要素がたくさんあるのではないでしょうか。

そのときこそ、本当は、「何のために」という「Why」が定まっていれば、強み、弱みという分析軸で判断する必要は

なくなります。あるのは単純に「Why」のために役に立つか、立たないか、だけです。

リーダーという立場にいると、仕事の成果をいかにあげるかということが大きな課題として目の前をふさぐことは間々あります。そうすると、具体的に何を（What）どうすれば（How）いいのか、という答えが早くほしくなるため、本来の自分たちのコア（Why）を軽視しやすくなります。

もし、光男氏が「売上拡大のためのビジネスプラン」を考えようとするのではなく、「今既に持っている自分たちの存在価値をもっと研ぎ澄まそう」と考えたとしたら、別のコンセプトになったのではないでしょうか。

❖知っている人ほど迷う

少し話しは逸れますが、最近の若者たちは大人たちの目に「どうもはっきりしない」というイメージで写っているようです。

先日も、私のクライアントの社長さんが、新卒で入社した社員たちについて、「何がやりたいのか、やりたくないのか、聞いてもはっきりとした答えが返ってこないんだよね」「教えても分かってんのか、分かってないのか、それもはっきりしないんだよね」と言って不思議がっていました。その社長さんは65歳、たしかにその年代の人たちは、若い頃から自己主張が強く、エネルギッシュな人が多かったように思います。その年代の後輩である私は、「なんて元気な人たちなんだ」と感じながら諸先輩を眺めてきました。

実際、この社長さんだけでなく、多くの大人たちから最近の若者にエネルギーの低さを感じている、という発言を聞くことは実に多いです。

しかし一方、最近の10代、20代前半のアスリートたちの力強さを否定する人もいないと思います。オリンピックを見ていても、そしてあらゆるプロスポーツを見ていても、世界のトップレベルで戦っている若者が非常に増えているように思います。

どちらも同じ世代なのに、なぜこのような差が生まれるのでしょうか。

私は、その答えを紐解くためのひとつのヒントに「高度な情報社会」という社会背景があげられると考えています。

私が小学生のころ、サッカーと言えば釜本邦茂さんくらいしか知りませんでした。サッカー少年ではなかったので、私の知識は少なすぎると思いますが、私の耳にセリエAやプレミアムリーグなどという言葉は入ってきませんでしたし、ワールドカップで活躍するチームがどんなプレイをしているか、ということなど皆目知りませんでした。それだけの情報しかなかったと言えるのです。

しかし、今では、サッカー少年でなくても、それらの存在は知っていますし、世界トップレベルのプレイをテレビやネットで目にしているはずです。それだけ、情報が豊富なのです。この情報の豊富さは、目指すものがはっきりしている少年少女、たとえば「大きくなったらサッカー選手になる！」と決めている少年少女にとっては、非常に重要な情報なわけです。そして、たくさんの情報をインプットすればするほど、自分がどんなレベルを目指さなければいけないのかがはっきりし、つらい練習も意味のあるものとなるのです。だから、彼らは強くなれるのです。

ところが、目指すものがはっきりしない少年少女にとって、情報が多いことは、むしろ意思を決定するときのノイズとなっている可能性が高いのです。「大きくなったら何になろう？」と考えるときに、「プロのスポーツ選手になるなんて、自分程度じゃ所詮無理かな？」「とにかくいい大学に入らなければ、いい就職が決まらないみたいだから、まずは勉強するしかないのか？」「医者もいいけど、自分で会社をつくるのも面白そうだし、大きな会社に入ると給料もよさそうだし……」など、とにかく焦点を定める時に情報が多すぎて迷ってしまうのです。


このように、情報の多さは、自分の進む方向を定めた者にとって非常に有効に働く反面、定められていない者にとっては、より惑わす原因となっているると考えられるのではないでしょうか。

まさに「Why」が定まっているか、いないかの違いです。

情報が多ければ多いほど、それらを整理し分析する手法が必要になります。そこで、前述のSWOT分析をはじめ、数々の論理フレームがあるのですが、残念ながら内なるコアに肉薄するものはありません。

老子の言う「学を絶てば憂いなし」。改めて内なるコアの大切さを感じずにはいられません。

❖心から湧き上がる感覚を楽しむ

内なるコア（Why）を考えるとき、それをどのようにして作り上げればいいのか、という疑問にぶつかります。

その答えを考えるときに、やはり「他人の声で自分の本当の心の声を消してはならない。自分の直感を信じる勇気を持ちなさい」というスティーブ・ジョブズの言葉が頭をよぎります。

直感は、それまでの「経験」から得た「知恵」や「価値観」、そして「私は○○な人間」という「自己認識」がベースとなって働きます。「あっ!!　このままだとヤバイ」と直感が働くのもそれまでの経験から得た知恵があるからです。

つまり、「直感を信じろ！」ということは、「自分自身がこれまで貯めてきたものを信じろ！」と言っているんだと私は受けとめています。「自分自身が貯めてきたもの」自体の差はあると思いますが、「自分なんて、そんなたいした経験してないし……」などと卑下してもなにも始まりません。

まずは、「自分自身がこれまで貯めてきたものを信じる」ことから始めることで、次の何かを生み出すはずです。

その「直観」は、リーダーであれば、なおのこと、必要だと思います。

わくわくする建設的な直感が働くときがあります。「みんなはこっちがいいと言っているけれど、自分は違うほうを選んだほうがわくわくできそうだ」というような。

その直感に従って行動できたときは「心から楽しむこと」ができているときだと思います。この「心から楽しむ」ということも、リーダーシップにおいて大切なキーワードとなります。

仕事だから、好き嫌いに係わらず、やらなければいけないことがある。

これは、当然のことではありますが、できれば、のめり込めるほど「面白い」と感じることができる仕事をしたいものです。「やらねばならない」という義務感で仕事をする場合、人は、決して仕事にのめり込むという状態にはならないのではないでしょうか。

もちろん、仕事の完成度という面では、例え義務感で仕事をしている人でも、高いスキルによって高いレベルの仕事をすることができますが、同じスキルであれば、義務感で仕事をする人よりも、面白がって仕事をする人のほうがより完成度の高い仕事をやり遂げる確率は高くなると思います。

それほど、仕事を楽しむことは大切なのです。

論語の中に、「子曰く、これを知る者はこれを好む者に如《し》かず。これを好む者は、これを楽しむ者に如かず」という言葉があります。「物事をいくら知っていても、それを好む人にはかなわない、それを好む人も、それを楽しむ人にはかなわない」と言っているのです。

先ほど述べた、内なるコア（Why）を見つけるためにも、自分が楽しいと感じることをまず優先したほうがいいのです。それが、他者を害するようなこと、公共の利益を邪魔することであったとしたら論外ですが、じっくり自分がしたいことを考えてみるのは大切なのです。

それが、「何かのために」「誰かのために」なるとしたら、それは貴重な思いとなるのです。自分のしたい仕事を通じて人の役に立つのですから、大いなる価値があると言えます。

リーダーがそのような思いを持つことができれば、メンバーもその思いの実現に参加し、そのことによって喜ぶ人々と出会うことで、自分の仕事に誇りが持て、幸せになれるのです。

華橘荘の場合も、光男氏が華橘荘という施設とそれを取り巻く環境を使って、何がしたいか、たとえば「地域の自然を守りたい」とか「温泉の新しい楽しみ方を提案したい」とか、自分自身の喜び、楽しみのためになることを掘り下げて見ていたら、コンセプトは変わっていたでしょう。

光男氏は、自分の家の事業を成功させるために、論理的に戦略を組み立てました。しかし、引き継いだ事業をどんなふうにしたいのか、自分の気持との対話が不足していたように思います。

第3章

「弱いリーダー」ってなんだ!?②

――「積極的行動力」を疑ってみる

第1節　笹田光輝（34歳）のドン（鈍）なリーダーシップ

❖静かで陰で先頭に立たない、そんなリーダーっているの？

世に流通している「リーダーは積極的で外交的な人間」というイメージを180度くつがえすユニークなリーダーの仕事ぶりからいったい何が見えてくるのでしょうか。

笹田光輝34歳。東京青山に事務所を構えるイベント企画会社「立木プランニング」に勤務。イベントの企画から運営を担当しているプランナーであり、5人のメンバーを抱える笹田チームのリーダーでもある。あだ名は「ドン」。「首領」の意味のドンではなく、「鈍い」という意味でいつしかこのあだ名がついた。

はっきりと自分の意見を主張することもなく、切れ味が鋭いわけでもなく、全体的に地味でスピード感のなさを感じさせるところから、笹田は若いうちからこう呼ばれていた。

立木プランニングでは、「プランナーが自分の意見を言い切らなければ、何も始まらない」と言われるほど、プランナーに強い姿勢を求めている中で、自分の意見をはっきり主張しない笹田が4つのプランニングチームのひとつを任されている。そのことは、「奇跡だ！」と言われている。

現在、立木プランニングは、某テレビ局の開局50周年に向けた大がかりなイベント企画のコンペティションに参加している最中である。この企画は立木プランニングとしても、久々の大型案件で、4つのプランニングチームすべてにプランの提出が求められた。

笹田チームでも、5名のプランナーがブレストを重ね、社内コンペに向け必死にアイデアを出し合っていた。期間は1カ月あまりと余裕はない。通常業務を滞らせるわけにはいかないため、徹夜になる日もしばしばであった。

緊迫感漂う中にあって、ただひとり笹田だけはいつものようにおっとりとしていて、自分の意見を言うこともなく、進行を笹田の3歳年下の猪俣大輔に任せきりにしていた。

猪俣は、プランニング力で一目おかれ、見た目も派手で、性格も陽気なため、人を魅了できる次期リーダー候補の筆頭として周りからも認められる存在である。笹田チームは実質、猪俣で持っているというもっぱらの評判であった。

「東京湾を背景にイルミネーションショーを大々的にやったらどうだろうか」「視聴者がすべての番組に何がしかの形で参加するっていう企画はどうだろうか」「1000万円あげちゃうっていうのは?」「ネットで人気投票は?」などいろいろな企画の種が毎日のように出されるものの、なかなか意見がまとまらず、企画は暗礁にのりあげていた。

なんとしても立木プランニングでこの案件を受注しようという全社的なムードの中、さすがの猪俣もプレッシャーからか、思い切った決断ができないまま時間が過ぎていった。噂では、他のチームはかなり派手な企画を考えているらしく、今回の社内コンペは大混戦になることが容易に予想された。

結局、笹田チームとして意見の一致を未だみないまま締め切りが近づく中、チーム内の雰囲気まで険悪になりはじめ、猪俣は焦ったが、笹田は相変わらずの状態だった。

そのような折、ある日の企画会議での席上、笹田が久しぶりにみんなに向かって次のように発言した。

「みんな、ちょっと派手な企画にこだわりすぎてない？　派手な企画で行き詰まってるなら、いっそのこと地味な企画考えてみたらどうなの？」それは、決して強い口調ではなく、笹田が感想をつぶやいたようにメンバーには聞こえた。

この言葉にメンバーは「何を言ってるんだ」という顔で「とはいえ、地味な企画で勝てるとは思えませんが……」と疑問を返したが、その言葉に対しても笹田は「いいじゃん、負けても」と言ったまま、その後の発言はなかった。そして、猪俣に対して「任せたよ」と言い残して静かに席をたった。

これには、猪俣も驚きを隠せなかった。社の命運をかけようかという大規模な社内コンペについて、「負けてもいいから地味な企画を考えろ」と言っているも同然、しかも、「後は任せた」と席を立つなど、無責任もはなはだしいと感じたのだ。

しかし、入社3年目ようやく独りで仕事をこなせるようになった若手の清水宏之が、「地味な企画、結構いいヒントじゃないですかね。たとえば、50周年なんてたいしたことない的なコンセプトで考えるとか……」と発言した。

意外にも、清水のその一言から今までとはまったくと言っていいほど異なるアイデアがメンバーから出始めたのだ。「いっそのこと、静かな50周年というのはどう?」「わが社は50周年なんて意識してませんとか」

結局、「100年に向けての通過点」として50周年を捉えるというコンセプトが決まり、企画も「これまでの50年を振り返りながら、創立100周年、つまり50年後のテレビを企画する」というものになった。そして、視聴者や各界のプロに50年後の社会を予測してもらい、それをもとに番組を企画する、というものになった。

猪俣は、この企画のきっかけとなった清水を大いに褒めた。

メンバーが作ったこの企画について、笹田は一言「いいんじゃない」と言っただけだった。猪俣は、「もう少しなんとか言っても良さそうなものを……」と感じたが、それを言葉にすることはなかった。ドン笹田らしい一言だと感じたのだ。

結局、笹田から何も具体的な意見、アイデアが出されないまま、笹田チームの企画は作られ、社内コンペを迎えることになった。

結果は、「100年に向けての通過点」というコンセプトは採用されたものの、他チームから出された派手なイベントはやはり企画に入れようということになり、結局2つのチームの合作企画という形になって社内コンペは終わった。

そして、本格的なプレゼンに向け、複数のチームから選ばれた選抜メンバーによる特別プロジェクトが作られることになった。そして、この特別プロジェクトのプロジェクトリーダーには笹田も猪俣も選ばれず他チームのリーダーが任命された。

久々に普段の日常業務状態に戻ったある日、笹田と猪俣そして清水の3人で飲みにいくことになった。猪俣が、清水の大活躍を称えてあげたいと笹田に提案して実現された飲み会だった。

席上「清水の一言がなければ、俺たちボロボロに負けてたかもな。本当に助かったよ。ありがとう」と猪俣。

「いや、そんなことないですよ。でも残念ですよね。コンセプトは採用されたけど、なんだかそれだけで、おいしいところ全部他にもってかれたって感じがします」。清水は自分が褒められたことよりも、その後自分たちがフィーチャーされなかったことを残念がった。

それについて笹田は、「いいじゃないか。負けるが勝ちっていうこともあるよ。コンセプトが通ったってことは企画の根っこはみんなが作れたってことだし、そのコンセプトで他の人たちが具体的な企画の発想を広げてくれると思えばむしろ楽しいよ。我々と違う他の目からみたコンセプトの捉え方を知ることができるんだから」と静かに言った。

その後飲み会は、とりとめのない話が続きながらも、楽しい時間となり、3人とも久しぶりの開放感を味わった。しかし、猪俣、清水から一言も「あの時の笹田さんの、地味な企画を考えてみろ、って一言がなかったらこうはならなかったですね」という言葉は出なかった。猪俣にも清水にもその記憶はすでになかったようにさえ思われた。

❖東洋思想が教えてくれること③

「一に曰く慈、二に曰く倹、三に曰く敢えて天下の先たらず」(老子)
――人生を生きる3つの心得は、「人をいつくしむ心」「物事を控えめにする態度」「人の先に立たない」

その理由として、人をいつくしむからこそ、勇気が生まれる。控え目にするからこそ、行き詰らない。人々の先頭に立とうとしないからこそ、人を指導することができると言っています。

❖捉えどころがない強さ

初対面の人たちが集まり、同じ目的に向かって何かをし始める。そんな場面では、まず自己紹介から会話がスタートすることが多いですね。

「みなさん初めまして。これからみんなでがんばっていきましょう。私は、小林という者です。ぜひコバと呼んでください」というような口火を切る人が出てきて、その後を「私は豊田といいます。エンジニアです」「私は清水です。特別あげるほどの技能を持っているわけではありませんが、体育会野球部にいましたので、根性だけはあるつもりです」といろいろなタイプの自己紹介が始まるわけです。その内容は各人の性格を反映したもので、外向的な言動でひときわ目立つ人から内向的でおとなしい印象を与える人まで、いろいろな個性が次第に明らかになります。そして、自然と外向的な言動で目立つ人がリーダー役をやるようになります。

しかし、中にはなんとなく印象の薄い、いや印象が薄いというよりも、何を言いたいのか骨子がはっきりしない「とらえどころのない」人が必ずと言っていいほどいます。そういう人に対して、他の人たちは、「この人はみんなについてくるタイプの人で、決してリーダータイプではない」と判断します。

具体的な話し合いの場面でも、おそらくその「とらえどころのない」という印象は消えることはなく、むしろ強くなるはずです。なぜならば、そういう人は、意見が対立する場面ではっきり反対もしないしはっきり賛成もしない、という態度にでることが多いからです。しかし、決まったことはそれなりにしっかりとこなし、他の人の足を引っ張るようなことはありませんから、どうでもいい存在というわけでもありません。

つまり、いい影響も悪い影響も周囲に与えないということで、いると助かる存在ではあるが、どうしても必要な人材だと感じさせることがないということです。

存在感の薄い地味な存在。それが、彼らに対して人々が持つ印象です。

しかし、こういう人の一言が意外にも全体に強い影響を与えることがあります。事例の笹田リーダーの「みんな、ちょっと派手な企画にこだわりすぎてない？　派手な企画で行き詰まってるなら、いっそのこと地味な企画考えてみたらどうなの？」という一言がそれにあてはまり、確実にその場全体へ強く影響しました。残念なことに、笹田リーダーは日頃から存在感が薄いため、メンバーはその一言を忘れてしまったようではありますが、結局、そのコンセプトが立木プランニング全体の企画コンセプトに採用されたわけです。

このようなタイプの影響力は、触媒という化学反応の働きに似ているところがあります。「触媒」は、自らは変化せずに他の化学反応を促進するもので、たとえば、酸素と水素をただ一緒に入れてもそれだけでは反応しないのに、触媒を加えると反応が始まるのです。ちなみに、人間の身体に「酵素」がとても大事な役割を担ってくれていることは、よく知られていることですが、この酵素も触媒なのです。

笹田リーダーの一言で、清水が反応し、そして次第にメンバー全体がそれまでになかったアイデアを出せるようになったという経緯は、まさに笹田リーダーが触媒として機能したことを物語っているのではないでしょうか。

このような、触媒的なリーダーシップは決して派手で力強いものではないため、見過ごされることが多いのですが、人材を育成するときにはぜひ注意しておきたい機能だと思います。

笹田リーダーの場合も、外向的で目立つ存在ではなく周囲が強いリーダーシップを笹田リーダーに感じることはありませんでしたが、会社は笹田リーダーの価値を十分理解していたため、リーダーの任につかせていたと考えられます。


触媒のような存在がなければ大きなことが成し遂げられない場合があります。激動の時代は、表舞台で活躍した人たちだけでなく、その人たちの背後でその人たちの活躍を支えた人や、その人たちを世の中に排出した人がいなければ成り立ちません。

たとえば幕末期にも直接的ではなく、間接的に歴史の大きな変換点を促進した存在がいました。薩摩藩主の島津斉彬などはそんな存在だったと思います。西郷隆盛、大久保利通という維新の傑物が、下級武士から島津斉彬によって見出されなければ、維新という大変革を乗り越え、さらに日本が西欧列強と対等に伍すことができるまでにはならなかったかもしれないのです。まさに激動の時代のために必要な触媒だったと言えるでしょう。

反対の立場である幕府においても、老中の阿部正弘が勝海舟を見出したことは、触媒の働きをしたと言えます。

老子も、「すぐれた人物は、底知れぬ味わいを持っていて、測り知れないために、説明のしようがない。そして『道』という真理を体得した人は、完全になろうとはしないからこそ、完全になれる」と言っています。そして、そういうすぐれた人は、慎重で、消極的であり、しかし同時に重々しさも持っている。また、飾り気がなく、こだわりがなく、広々としていると言っています。

正直、分かったような、分からないような表現なのですが、人の大きさとは、そういうもやもやとしたものと一体となっているのかもしれません。

大人物ほど、茫洋としているのではないでしょうか。

❖静かな水にしか自分の姿は映らない

深く熟考しなければいけないとき、どんなことをするでしょうか？

人によっては、静かな場所で自分の世界に入ろうとするでしょうし、かえって雑踏の中に身をおくほうが自分の世界に入れるという人もいるでしょう。いずれにしても、心を落ち着かせて、自分の気持ちと向き合わなければいけませんから、ひとりになるという点では同じです。ひとりになることで、いったん「無心」の状態になれるわけですが、「無心」の状態になれると、それまで思いつかなかった考え方が新しく生まれたり、思い悩んでいることがそんなにたいしたことではないと考えることができるのです。

「明鏡止水」という有名な四字句があります。『広辞苑』には「(くもりのない鏡と澄んだ水の意から）邪念がなく、静かに澄んだ心境」とあります。この言葉は荘子の中に出てくる「鑑《かがみ》明らかなれば即し塵垢《じんこうとど》止まらず、止まれば即ち明らかならざるなり。人は流水に鑑みるなくして、止水に鑑みる」という記述が語源ですが、「光り輝いている鏡は、ほこりを寄せ付けない。ほこりがつけば光が失われる。流水は人の姿を映し出さない。静止している水が映し出してくれる」という意味で、まさに虚心・無心の境地の重要性を示しています。無心になると、そこに自分自身がちゃんと映し出されるということです。

しかし、仕事場ではなかなか無心になる状態を作り出すことができません。特にリーダーの立場にいれば、入れ代わり立ち代り誰かが相談に来たり、会議の数も多く、自分と静かに向き合う時間がありません。にもかかわらず難しい判断を求められることは多いので、なんとしても熟考のための自分と向き合う時間が必要です。

笹田リーダーのように、鋭さより鈍さが目に付くタイプの人の中には、自分の世界に入っている時間を多く持っている人もいるのです。人は熟考していると、周りの人には止まって何もしていないように見えたり、放心しているように見えたりするものですが、本人は深い思考の世界に入っているということもあるのです。

創造力が求められる現代社会において、「思考に没頭する時間」はなんとしても作らなければいけません。先進的な企業では、思考の質を高めるために昼寝を認めたり、思考のためにひとりになれる空間を作ったりしています。私の知っている会社でも、午前中の1時間を「思考タイム」として設定し、考える以外の行為を一切しないでいいということを推奨しているほどです。

リーダーとして、チームの方向性を示し、それをメンバーに認識させるためには多くの対話時間が必要となります。特に、1対1の対話は極めて重要で、メンバーひとりひとりと向き合うことでコミュニケーションを良くし、一体感のあるチーム運営が可能になります。対話の時間を増やせば増やすほど、リーダー自身ひとりになれる時間がなくなっていくという矛盾と向き合わなければいけないわけですが、では一体どのようにして、「思考に没頭する時間」を作り出せばいいのでしょうか。

その答えのひとつとして「強いリーダーシップ」をとろうとしすぎないという考え方をお勧めしたいと思います。一歩ひいた「弱いリーダーシップ」でいいんだと自分で納得できれば、周りから「一体ボーっと何考えてるんだろう？」という悪い印象をもたれることを怖れる必要がありません。思考に没頭していると陰気な感じさえ漂わしかねませんが、それも怖れてはいけません。

会議の場でも、このままではどうにもいいアイデアが生まれそうにないと感じたら、滞った議論に入りこむことを避け、思い切って思考を止め、その場を遠くから眺めるようにしてみると、自分の中で新しい気づきが生まれる可能性が高まります。

そんなことをしたら、場がしらけるだろう、と思われるかもしれませんが、むしろメンバー同士の話しを傍観してみるほうが、全体がよく見えます。膠着状態では、場のしらけよりも膠着状態を打開するポイントを見つけることのほうが重要なのです。

とにかく創造力を高めるためには、何も考えない「無心」の状態が必要だということなのです。「無心」になっている姿は「放心」しているように見えるかもしれませんし、「何も考えていない」と見えるかもしれません。いずれにしても陽性なイメージにはなりません。しかし、ときには陰性なイメージをもたれることも大事なのではないでしょうか。

むしろ、陽性な振る舞いこそ、「深く思考する」という行為の妨げになることはあっても、促進することはないのです。

❖柔弱は堅強に優る

笹田リーダーは、自分の意見を強く発信することが少なく、寡黙な人です。しかし実際には、黙ってみんなの意見を聞きながら、チーム全体が今どんな状態にあるのか、どこに向かおうとしているのか眺めていたように思われます。自分の考えで押し切るのではなく、みんなの意見を柔軟に吸収し、その上でキーポイントが何なのかを考えていたのではないかと思います。「そうか、そういう考えもあるのか」「なるほど、そんな見方もあるな」という声に出さない笹田リーダーの心の声が聞こえてきそうな気がします。そして「なんか、みんな考えが凝り固まってないか?」「なかなか既成概念から抜け出せないでいるな」と感じたために、一言発したのでしょう。

この柔軟さということは、老荘思想など東洋の思想では極めて重要なこととされている考え方です。

老子も「人間の身体は生きているうちは柔らかいが、死ぬとこわばって硬くなる。草木も生きているうちは柔らかいが、死ぬと枯れて硬くなる」と語り、生命力は柔弱なものに宿るということから、厳しい現実世界で生き残るためには、柔弱さが大切だということを諭しました。

歴史を見てみても、いくつかの例がそこにあります。たとえば、源義経などもその例にあてはまるのではないでしょうか。義経は常識からはずれた優れた軍略を得意とし、その手腕によって平家をみごと打ち破りました。しかし、一説によれば、兄頼朝の意志を携えて参加していた武士たちの意見をことごとく退け、自分の戦法で戦ったために彼らの不信感を買うことになったとも言われています。すごく柔軟な戦法を得意とした義経が、実は誰の意見にも耳を貸さないという堅強な態度を示していたのです。

どんなときにも柔軟性に徹することができるということは稀有なことなのかもしれません。柔軟な発想ができても、それを固持すればその瞬間、柔軟な意見交換は成されなくなり、逆に自分なりの確固たる意見を持っていても、みんなの意見を取り入れることができると、より柔軟な意見交換ができます。

自分なりの意見をしっかり持つことが非常に重要なこととして扱われやすいのですが、混沌とした状態の中では誰も正解など分からないわけで、むしろ他人の意見を充分吸い上げる柔軟性を持つということは見過ごしてはいけない価値なのです。

堅強というイメージが比較的強い武道においても、相手に勝つことではなく、己に勝つことを大きな目的として教えている場面を多く見ます。なかでも合気道は、相手との対立を否定し、自然宇宙との和合を目指しています。自分の力だけで相手を制すのではなく、相手の力も柔軟に活用することで、「小よく大を制す」「柔よく剛を制す」と言われる状態を可能にするのです。

また笹田リーダーの一言は、メンバーの視野を広げるという効果も発揮しました。強い意見で半ば強制的に自分の考える方向に視点を移させるというやり方ではなく、むしろ弱々しく感想を述べるようにつぶやくというやり方でそれを可能にしたのです。

老荘思想でも、視野を広げることがいかに大切かということが述べられています。井の中の蛙になって、狭い自分の世界だけで物事を見ることの危うさを言っていたり、竹の管から天をのぞいたり、錐《きり》で大地の深さを測ったりするようでは、天や大地の全貌を捉えることはできないと言っています。

自分の意見をしっかり持つことは、とても大事なことではありますが、みんなが自分の意見に固執していては、発想を豊かに発展させることはできません。

一見弱々しくみえるようでも、実はいろいろな意見や考え方を吸収し、さらにより広い見地からものごとを捉えた発言であれば、新しいことを生み出す可能性は高まります。

堅強なことより柔弱でいることの価値は非常に高いのではないでしょうか。

❖本当の負けの意味がわかるリーダー

笹田チームのコンセプトが、立木プランニングの正式な企画提案のコンセプトとして採用されました。しかし、具体的な施策は他のチームのものが採用され、なおかつ特別プロジェクトに笹田も猪俣も任命されませんでした。猪俣や清水が残念がるのは当然です。

しかし、それは社内コンペの勝ち負けにしか過ぎず、これからクライアントに向けた本番の企画提案が控えているわけです。

おそらく笹田リーダーはそのことをよく理解していたため、社内体制における勝ち負けにこだわらなかったのだと考えられます。いやむしろ、自分たちのチームだけで企画を立案するよりも、いろいろな人間が手を加えることでより良い企画にブラッシュアップされると考えていた様子を見ることができます。

笹田チームとしては、「負け」ではありますが、立木プランニングとして「勝つ」ことができることを優先的に考えれば、むしろ負けを素直に受け止めるほうが正しいという結論になるはずです。まさしく、「負けるが勝ち」、負けたことの本当の意味を理解していたといえます。

老子も、「力の対決を避けること」や、「退くということも戦略のひとつとして考える」ことの重要性を述べています。

常勝はありえないと考えることができれば、戦わないという選択を積極的に取ることもできるでしょう。戦いの中にいる人たちにとっては、勝利を勝ち取ることこそ意味がある、と考えるかもしれませんが、大きな見地に立つことができれば、最終的な目的のために局地的な勝ち負けにこだわる必要がないことを認識できるのです。

老子は、また「強い者は、強さを誇示しない」とも言っています。本当の戦上手は、目的を達したらさっさと矛を収め、むやみに強がることはしないものだと言い、勝っても、功績や武力を誇示しないものだと言いました。

強いリーダーは、目標を必ず達成すること、そしてそのための戦いには必ず勝つことが大事であるとしてメンバーを鼓舞します。しかし、弱いリーダーは、ことさら勝つことを鼓舞しません。

むしろ負け方を大切にします。

笹田リーダーは、いつも地味な存在でドン（鈍い）とまで言われていましたが、メンバーの視野を広げるヒントを言うという鋭さを持っていました。それは決して社内コンペに勝つためのヒントではなく、メンバーがすべてを出し切りやりきるための助言だったのです。笹田リーダーにとって、すべてをやりきったなら、たとえ負けることになっても、その経験から多くのことが得られる、そして大型案件で苦しむことがメンバーの成長になると考えていたのです。それが笹田リーダーにとっての「真の勝ち」だったのです。

こぶしを挙げ、力強く鼓舞するやり方もリーダーシップのひとつの形ではありますが、地味に黙って様子を見ながら、時折ボソッとポイントをつく発言をするというリーダーシップのあり方もこれからの時代欠かせないのではないかと私は考えています。

第2節　カリスマリーダー候補、荒川美穂（34歳）の迷い

❖強くて賢いカリスマ・リーダーこそ、実はマイナス要素だ！

ここからは、本人がいちばん気づきにくいリーダーシップにおける完全主義の弊害について考

えていきましょう。

ＡＢコンサル株式会社は、業務改善を中心に企業が抱える経営課題を解決するためのコンサルティングファームである。各企業の課題ごとにプロジェクトを立ち上げ、１つのプロジェクトを１人のマネジャーが統括しながらコンサルティングを進めるという形をとっている。

プロジェクトは、企業規模や課題の難度などによって異なるが、およそ５人～８人で構成されるのが通常である。プロジェクトは、クライアント企業が抱える経営課題を確実に解決しなければいけないというミッションを抱えているため、それぞれのプロジェクトは非常に高い緊張感を持って進められている。

荒川美穂マネジャー（34歳）は、某大手商社に４年前まで勤めていたが、企業戦略の立案と実行に興味を持ち、当時女性コンサルタントとして第一線で活躍している二宮和子が所属するＡＢコンサルに転職してきたという経緯の持ち主である。希望がかなって二宮マネジャーの元でプロジェクトのメンバーとして３年間、意欲的に取り組み、周りからもその実力が認められるようになり、４年目にしてマネジャーという立場に抜擢されたのである。

その荒川マネジャーが実は大いに悩んでいるという噂が二宮マネジャーの耳に入った。二宮マネジャーは、女性のマネジャーとしては草分け的な存在で、ＡＢコンサルの中でも常に斬新なアイデアを生み出すことで定評があり、クリエイティビティを求められる案件では必ず第一候補にあがるほどの実力者である。

荒川マネジャーに関する噂を耳にし始めた当初、二宮マネジャーは「誰もが通る道」だと思い、聞こえてくる話には注意を払いつつも、外から様子を見てみるという姿勢を保っていた。

そんなある日、二宮マネジャーがランチのために入った店で、何回かプロジェクトでも一緒になったことのある鈴木雄一と偶然同席することになった。鈴木雄一は、社内でも将来有望な人材として評判の高い若者である。彼は、今荒川マネジャーのプロジェクトに参加し、メンバーの中で重要な役回りを担っていた。

「あら、鈴木君もひとり、よかったら一緒しない。私も今来たところだから」

「ありがとうございます。お久しぶりですよね、二宮マネジャーとお話するの……」。そんなやりとりから始まった会話は、いつしか鈴木が今参加している荒川マネジャーのプロジェクトの話へと進んだ。

「どう、荒川マネジャー厳しいけどいろいろ勉強になるんじゃない？」

「本当に厳しいですね。僕なんかいつもダメ出しばかりで、正直締め上げられていますよ」と笑いながら話す鈴木だったが、次第に、

「でも、結局荒川マネジャーが考えている方向に完璧にあっていないといけないので、私たちが自由に考えられる範囲は、すごく限られているんですよ」と、不満の色が言葉に現れるようになっていた。

「荒川マネジャーの方向って？」

「今回私たちが担当しているのは、あるコンビニエンスストアのプライベートブランドとして新たなラインナップを企画するという案件なんですが、実際、すでにかなりのラインナップが展開されていますから、新たなものとなると結構難しくて、今までのラインに手を加えてイメージを刷新する方向と、誰もまだ手をつけていないジャンルを開発する方向で当初から喧々諤々プロジェクト内でもやってるんです。

荒川マネジャーは、どうせやるなら誰もまだ手をつけていないジャンルを進めたいと思ってらっしゃるようなのですが、そのために、今までのものの改良、改変のアイデアを真っ向から否定しすぎるように思うんです。もちろん難度の高いことにチャレンジしたいと思う気持ちは、メンバー全員持ってますが、既存のラインの研究をすることも、発想の幅を広げるために大切だとみんな思ってるわけなんです。

荒川マネジャー自ら毎日データを集めて、新規商品のアイデアを考えてますから、それには頭が下がる思いなのですが、もう少し自由度があってもいいんじゃないかと……」

この話のあと、鈴木の口からはプロジェクトのミーティングの進め方についての違和感も出た。

「ミーティングが、全部荒川マネジャーの仕切りで進むんで、もっと話したい事も遮断されてしまうことがあるんですよね。そして、結構きつく叱責をうけることが増えてきてまして……」

この話をうけ、二宮マネジャーもさすがに一度荒川マネジャーと話をしたほうがいいと感じた。

二宮マネジャーが調べてみると、荒川がマネジャーになってから担当した案件は、クライアント企業が望む成果をきちんと出し続けていることが分かった。しかし、それと同時に、1年という短い期間に3名の退職者を出していることも判明したのだ。

二宮マネジャーが、時間が欲しいと連絡をしたところ、ふたりの時間を調整するだけでも大変なほど荒川マネジャーは多忙を極めていた。やっととれたのがある日の夜10時過ぎだった。

「最近とても忙しそうね。マネジャーとしてプロジェクトの成果もしっかり出しているって聞いているから、自ら先頭に立ってみんなを引っ張っているので忙しいのかしら？」様子を伺いながら二宮マネジャーが話を向けると、

「ええ、プロジェクトのメンバーを同じ方向に向かわせるのってすごく大変なんだなあ、とつくづく感じています。どんなに目的や方針を伝えてもそれぞれの受け取り方が微妙に違ったりしますから、つどつど言っていかないとだめなんですね」

「ふーん、私はみんなに丸投げして遠くから眺めるようにしてるから、そんなふうに感じたことはないんだけど。荒川さんが私のプロジェクトにいたときも、私からあれしろこれしろと細かい指示をしたことはなかったと思うんだけど」

「たしかに、そうでしたね」

「でも、みんな同じ方向に向いてがんばってくれていたわよ」

「何でなんでしょうか？　たしかにそう言われてみると、二宮マネジャーからダメ出しをされた

のは、具体的なやり方や考え方ではなく仕事の達成度についてでした。そんなレベルの答えじゃ、クライアントは喜ばないわよっていつも言われていたような気がします」

「3人やめたって聞いたけど……」

「二宮マネジャーと話をしていて気づいたんですけど、彼らが辞めたのは、私が私の期待する答えを出すようにメンバーに強制していたからなんじゃないかと感じ始めました。クライアントの期待ではなく、私の期待です。彼らは、クライアントと向き合って仕事をしたかったのに、私の意に沿うようにしか動けなかったのかもしれません」

「私が何も具体的に言わなくても、必死に答えを見つけようとしてくれた一番の人は、あなた自身だったように思うんだけど」

「そうですね。自由に考えられたから自分は成長できたのかもしれませんし、成果を出すことにこだわるようになれたんだと思います」

「私がなぜクリエイティブは二宮に任せろ、と言われるようになったか知ってる？」

「えっ？」

「クリエイティブは押し付けられる環境からは生まれないの。私が担当するプロジェクトのメンバーには、自由に考える時間と余裕を持たせるように気を遣ってるわけ。クリエイティブな成果を出せるのは、私がクリエイティブだからではなくて、メンバーがクリエイティブになれてるからなの」

「……」

この会話のあと、荒川マネジャーのプロジェクト運営方針は変わった。

彼女は、自らすべてを背負い、先頭を走り、メンバーを鼓舞するというやり方から、いったんすべてをメンバーに委ね、様子を見ながらより高い成果を出すために手を差し伸べる、というやり方に変えたのだ。

❖東洋思想が教えてくれること④

太上《たいじょう》は、下これあるを知る。その次は、親しみてこれを誉《ほ》む。その次はこれを畏《おそ》る。その下はこれを侮《あなど》る（老子）

――もっとも理想的な指導者は、部下からその存在を意識されない。部下から親しまれ愛されるのはその次、部下から怖れられる指導者はその次、最低なのは、部下からバカにされる指導者である。

すべての物事には、道（タオ）という自然の基本原理があり、その基本原理に則って何事も行うことが正しい姿勢だということを示した老子は、指導者のあり方にも「自分の存在が意識されるようでは、組織の中で自然な基本原理が働かない」と言いたかったのではないでしょうか。

❖リーダーはカリスマでなくていい

リーダーは常に先頭を走らなければならない。自らが集団の先頭に立ち、皆を鼓舞し、勢いをつけることができなければ、リーダーとして認めてもらえない――。リーダーのあり方について、多くの方がこのようにイメージしているのではないでしょうか。

そして、それをもっとも的確に成し得るのが第1章で述べた強いリーダーシップを持ったカリスマ的リーダーです。

たしかに、方向性のばらばらな人々が集まってできた集団を同じ方向に向かわせるためには、カリスマ性のあるリーダーが先頭に立つことが効果的であることは理解できますが、カリスマになれる人物などそう多くはいません。カリスマの数とリーダーの数が同じになるなどということを想像する人もいないでしょう。

しかし、強いリーダーシップという考え方とカリスマ的存在感は、なぜか近い関係で語られることが多いのです。

第1章第5節（47ページ参照）で述べたように、これからの組織は「創造性」が何よりも求められます。そのためには、「実行」と「発見」、2つの機能を分けて考えなければなりません。

カリスマ的リーダーシップの条件は、創造性が非常に高いことです。自らが創造性を持っているので、組織はそれを実行するためにしっかり機能すればよいと考えるわけです。たしかに「実行」のためには、強いリーダーシップは有効ですから、先頭に立つ意味があります。

しかし、「発見」という機能をリードしていくためには、先頭に立つだけではうまくいかなくなっています。なぜなら、先頭に立つ者が、正しい答えと方向性を持っているとは限らない事態が蔓延しているからです。

著名な経営学者ｐ・ドラッカーも「リーダーにカリスマ性はいらない」と言っています。

話は少し変わりますが、私は、「リーダーシップを育成する」というテーマで研修をする機会が数多くありますが、そのときに、チームワークを体感してもらうためのワークをしてもらいます。内容は、その場で作られた即席のチームが、与えられた「課題」を制限時間内で達成するためにみんなで動く、というものです。

このワークでは、チームのいろいろなあり方を見ることができます。

・誰かひとりの意見を中心にみんなが動くチーム
・みんなが課題を遠巻きにしてしばらく眺め合うチーム
・ひとりだけみんなの作業に加わらないチーム

・みんなの声が多く、ワイワイガヤガヤした雰囲気のチーム
・楽しそうにやるチーム
・苦しそうにやるチーム
など……。

本当に多くの様子を見ることができるのですが、中でも「誰かひとりの意見を中心にみんなが動くチーム」が課題を達成することができないという状況になることが非常に多いのです。特に、作業の途中で「最初にやり始めたやり方ではどうやら上手くいかないのではないか？」という懸念がメンバー全体に広がった瞬間から、このタイプのチームは、ばらばらになっていくことが多いのです。

一方で、もっとも課題を達成する確率の高いチームは、「楽しそうに、みんなでワイワイガヤガヤやっているチーム」です。こういうタイプのチームは、ワーク中ずっとみんなで「あーでもない、こーでもない」とたくさんの手法がその場に出されるために、結果としてどのチームよりも試行の回数が多くなるのです。そのため、より良いやり方に出会うチャンスが増えるのです。

それに比べると、「誰かひとりの意見を中心にみんなが動くチーム」では、そのひとりの言っているやり方が間違いだった場合、改めてそこからメンバーそれぞれが代替案を考え始めるということになり、余計な時間がかかってしまうのです。もちろん、リーダー的存在だったメンバー

の求心力がみるみる低下することも間々あります。

それでは、「みんなでワイワイガヤガヤやっているチーム」には、リーダーがいないのかというと、それも違います。

「ワイガヤチーム」にワークのあと振り返ってもらうと、必ず途中で誰かが成功に向かうための「ヒント」を言ってくれたという振り返りになることが多く、静かなリーダーシップを取った人がそこにいたことを物語ってくれます。それも場面によって異なる複数の人が「ヒント」を与えていることが多く、誰もがリーダーになる機会を持っていたということになります。

そういう静かなリーダーシップを発揮する人をよく見ていると、「やり方」についての具体的なアイデアを強く主張するのではなく、みんながいろいろなアイデアを出すことで、悪くすると方向性がばらばらになってしまいそうなときに、「だったら、まずAさんの言うやり方でやってみませんか」というように全体の方向性をひとつの方向に向けるための示唆を提供しています。


少し前の部分に「もっとも理想的な指導者は、部下からその存在を意識されない」という意味の老子の言葉を挙げましたが、論語の中にも「中庸は最高の徳だ」という言葉があります。中庸とは、考え方や行動が一方向に偏らず、ほどよい中間にあることの重要性を言っているのです。

中庸であることは、全体のバランスをよく観察できる状態をつくってくれます。まずリーダーが中庸であることから始めると、メンバーのいろいろな意見を広く拾い上げることができると同時に、その中から方向性を見つけるバランス感覚がチームにも植えつけられるのです。

「みんなに考えさせるために、極端な話をあえてするようにしてるんです」というリーダーの方がいますが、そういう極端に一方に振れた発言は、メンバーを混乱させるだけでなく、リーダーの暴走と受け止められかねません。

「創造性」のためのリーダーたるもの、今一度「中庸」という言葉をかみしめてみることをお勧めします。

❖リーダーの強い方向性が「創造性」のマイナス要素になる

事例に出てきた荒川マネジャーは、コンサルタントとして自分のチームを任され、自分のチームの成果を上げることに一生懸命です。そして、より高い成果を出すためにマネジャーである自分が、方向性をしっかりと示すことで、メンバーの動きを同じ方向に集約しなければいけないと考えているようでした。

結果として、荒川チームはクライアントの要望に応えることはできているようでしたが、メンバーの発想力が広がるための、つまり「創造的」な場づくりはできていなかったようです。

ビジネスの世界では、ことさら方針を前提として打ち立てることの重要性があげられますが、では一体どうやってその方針を立てるべきかというと、経営方針で言えば社長が、職場方針で言えば職場の責任者が、つまりリーダーが決めるべきだというのが一般的な考え方です。

しかし、本当にそうでしょうか？

かつて、勝海舟も激動の幕末期に「人はよく方針々々というが、方針を定めてどうするのだ」という言葉を残しています。

おそらく、きっちりとした方針を打ち立てても、そのとおりにいかないことのほうが多いという時代背景がそこにはあると思われますが、この言葉は、複雑で不確実な環境の中にある現代社会においても非常に参考になる言葉です。

「創造」ということについて少し考えてみたいと思います。

創造は、生み出された瞬間は独占的な立場を手に入れることができますが、いつしか同種のものを提供する他社が現れはじめると、いずれ「当たり前」、つまりコモディティ化へと突き進むのです。そのような中で企業が発展し続けるためには、「創造し続ける」必要に迫られます。「創造し続ける」ことができてはじめて「創造性」があると認められるわけです。単発の創造は「創造性」の証とはなりません。

そのために何をしなければいけないか、ということはもはや明白といっていいでしょう。それは、「組織全体の創造性を高める」ということです。

制約条件を増やすことは、組織全体の創造性を高めるためには逆効果となるのです。つまり、ひとりのリーダーが常に方向性を示し全員がそれに従って作業をするというやり方は、今や創造性のマイナス要素にさえなりえるのです。

それよりはむしろ、まずメンバー全員で、あらゆる角度、視点から物事を捉え、それを持ち寄りながら検討、検証することで、いつしか方針が絞られる。という今までとは逆のアプローチのほうが、これからの時代の創造性のためには価値があるのではないでしょうか。

これまで多くの場面で、リーダーたるもの、方針を指し示しそれに向かって先頭を走る、そういう強さ、積極性を持たなければいけないと考えられていましたが、それはあくまで「競争」「戦い」がベースにある場合です。

意思決定、方向づけをトップリーダーが行い、他全員がそれを確実に実行するためにいる場合には、方針は絶対的必要条件だったわけです。

しかし、再三述べているように「競争」よりも「創造」が優先テーマになっている現代社会においては、方針に縛られることは時に危険と言えるのです。なぜなら、環境変化を捉えるアンテナの感度が、決め付けられた方針によって鈍る可能性もありますし、逆に環境変化を感知し、「なんか違うぞ」という違和感を感じているにもかかわらず、方針どおりに動かざるを得なかった結果、失敗に終わった、というようなことが続くと「考えてもしょうがない」という思考停止を誘発します。

真っ先に方針を示し、そのもとでぐいぐいと引っ張っていく積極的なリーダー（＝「強いリーダー」)の存在が、「創造」に対して消極的なメンバーを作ってしまう可能性も否定できないのです。

❖賢いリーダーである必要はない

事例に出てきた荒川マネジャーは、クライアントの期待に十分応える仕事をしているようです。荒川マネジャー自身、優秀なプレイヤーだと思われます。おそらく、メンバーの意見やアイデアよりも、自分のほうがより深く考えているという自負もあるでしょう。その結果、自身が提示する方向性に固執し、そこに向けてメンバーをコントロールしている様子が伺えます。

「自分は優秀なリーダーでなければいけない」と考えるリーダーは非常に多いのではないでしょうか。

たしかに、自分たちのチームが求められている成果の質を担保するためには、メンバーから質の高い成果が出そうにないときでも、リーダー自身が責任を持ってその質を高めなければなりません。最後の砦とならなければいけない状況は多いと思います。

しかし、「いざとなればリーダーがなんとかする」という状態は、メンバーの創造性を育成するという見地からは決して良いことだとは思えません。メンバーの依存性が高まることはあっても、下げることはできないからです。

第1章でも、7つの習慣から　依存↓自立↓相互依存　というステップを例に出しましたが、依存性からの脱却、これは創造性の高いチームをつくるためには欠かせない要素なのです。

自分たちよりも確実にレベルの高いアイデアを出せる賢いリーダー（＝「強いリーダー」）の存在は、先頭に立つ積極的なリーダー同様、メンバーに依存心を植え付けてしまう可能性があるのです。


東洋思想におけるリーダーシップの考え方を参考にすると自らが優秀でいつも素晴らしい判断をし、的確な指示・命令をすることだけが、リーダーの姿として正しいわけではないということがわかります。

たとえば、老荘思想における荘子は「賢《けん》を以って人に臨《のぞ》めば、いまだ人を得る者あらざるなり。賢を以って人に下《くだ》れば、いまだ人を得ざる者あらざるなり」と言っています。「賢」、すなわち頭の良さをひけらかしていては、人はついてこないけれど、「賢」を持っているけれど、謙虚な態度でいれば人はついてくる、という内容です。優秀な人ほど、幅広く意見を聞くことの大切さを言っているのではないでしょうか。

また、老子も「大功《たいこう》は拙《せつ》なるがごとし」と言って、優れた人間は自然体で、一見稚拙なように見えるが、そのような人ほど究めた人だということを表しました。

著名な経営学者であるP・ドラッカーも優れたリーダーは「有能な部下を求める」と言ってい

ます。そして何よりもリーダーに必要な要素として「真摯さ」を挙げています。部下からみて上司が「真摯」だと感じるときは、一貫してぶれない姿勢を感じると同時に、自分の考えどおりにチームをコントロールするのではなく、メンバーの声に耳を傾ける姿勢を感じるときではないでしょうか。

「今のチームのメンバーで、できないのならそれもしょうがない」

それくらいの気持ちでいるほうが、メンバーの自主性を高め、ひいては創造性を高めるチャンスが増えると思います。

ちなみに、ドラッカーは渋沢栄一を尊敬していることで知られています。渋沢栄一は、明治以降の近代化に向かった日本経済の根幹を築いた第一人者ですが『論語と算盤』という著作でも有名で東洋的思想を大切にしていた人です。ドラッカーの理論にもどこか東洋的精神性があるのは、その影響と言えるのではないでしょうか。

❖ 存在を消す

部下は判断を上に仰ぎ、上が決断する。そして、上から部下に指示が出され、部下はそれを実行する。シンプルな構造なのですが、組織全体でこの構造がしっかりすればするほど、リーダーの権限は強く絶対的なものになります。

たとえば、欧米では会社のトップクラスである取締役という立場は、日本のように下から課長、部長そして取締役と積み上げられた末のものではなく、一般の社員が行なう現場のオペレーション仕事と完全に分離して考えられています。「経営」というものが独立したひとつの職業になっているのです。そのため組織運営というものは、経営のプロが現場にトップダウンで命令するという形ではっきり成されるのです。

それに比べ日本の場合、実際の決定がほとんど現場で成され、それを稟議という形で順番に上に回してOKかNOかを確認していくという方式が長い間取られてきました。意思決定の中心が、トップではなく現場に近い中間管理層によって成されてきたわけです。そんな日本のトップの状態を「おみこしのようにみんなに担がれている」と揶揄するような表現で言われ、90年代以降は決してよいことではないとされています。

しかし、変革、創造性、という視点で考えると、一概に悪い面だけではないと言えます。トップダウンですべてが命令されるより、現場の「自分たちで考える力」が強くなるとともに、現場に当事者意識を植え付けることができるからです。

トップダウン型の組織運営は、意思決定のスピードや責任の所在がはっきりしているという点で良い面を持っていますが、下手をすると現場があらゆる場面でトップに依存するという風土をつくりかねません。

事実、アメリカでも「現場に意思決定を任せる」という考え方に組織運営の方針を変更し、大きな成果を上げている企業も増えてきました。現場力でカイゼンを進め、経済成長を獲得した日本の企業の良さを取り入れているような感じさえします。多くの優れた企業を分析し、その傾向をまとめた書籍『ビジョナリーカンパニー』に登場する企業、そしてその企業の経営者たちは、みなすべてトップが決めて命令を下すタイプではないことも、現場の「考える力」を育てるためにはトップがある場面で意思決定を放棄することが有効であることを示しているように思います。

上の者が、できるだけ下の人たちに、自分たちで考えさせる習慣をつけさせることは、大いに意味のあることなのですが、どのようにしたらそうなれるでしょうか。

私は、「上司は上にたつ」という意識を変えることが大事だと思っています。むしろ「上司は下に位置して、みんなのサポートをする」くらいの意識のほうがいいと思います。やることは、現場で困っている事柄を取り除いてあげること。そうすると、まず現場が自分たちで考え、その考えを会社に認めてもらえるかどうかを上司に確認する、という意思決定の流れができると思うのです。

荘子も「指導者の役割はマイナスをとりのぞくこと」と言っていますし、老子もまた「正しい君主は下にいる」と言っています。

また、それ以上に効果的なのは積極的に上司が自分の姿を消すことです。

かつての私の上司たちは、本当に席にいない人が多かったように思います。中には「上司元気で留守がいい！」と言いながら飛び歩いていた人もいました。もちろん遊び歩いていたわけではありませんが、社内外いろいろなところへ出向いていたのです。

まだ携帯が普及していなかった当時、私は相談したいときや問題が発生したときにすぐつかまらない上司に不満を感じたこともありましたが、いないならいないなりに、なんとかなっていたように思います。むしろ、途中からは自分たちでいろいろ決められることに楽しさを覚えはじめました。

「いい指導者は、ぼうようとしてつかみどころのない者だ」と老子が言っているように、通常はいるのかいないのかよく分からないくらいの人のほうが、自律的な組織をつくれるのではないでしょうか。

組織で仕事をしていると、誰かの上にたつという立場になることは必ずあります。早ければ入社2年目くらいには、後輩の指導という役割がきます。そのようなとき、上にたってしっかり下の状況を監視し、間違ったほうへいかないように指導しなければならない、と考えてしまうのが普通ですが、思い切ってそんな役割は放棄して存在を薄くすることも下の者のことを考えたら、そして組織の先々を考えたらいいことなのではないでしょうか。

第4章

「弱いリーダー」が生み出す4つの理想像

——「弱いリーダー」だけが創造型チームをつくれる！

第1節　ビジネスでもっとも大切なこと
――「問題解決力」こそリーダー必須の条件

❖「問題解決力」がなければリーダーではない！

ビジネスは常に問題を抱えながら前に進めていくものです。

経営、営業活動、生産活動、組織運営、すべてにおいて予想し得ない問題が日々持ち込まれ、ときには東日本大震災などに見られるように突然壊滅的な打撃を受けるトラブルに見舞われることもあるのです。

ビジネスは、問題解決の連続なのです。

そして「問題解決力」のレベルの差が、そのままビジネスにおける競争力の差となって現れるから怖いのです。

リーダーとしてチーム運営をするうえでもこのような「問題解決力」は無視できない、むしろ第一優先におかなければいけない課題となります。「問題解決力」が貧弱なチームでは、まぐれ当たりの成果をあげることはできても、継続的、発展的に成果をあげ続けることはできません。

つまり「問題解決力」がリーダーの必須要件として求められているのです。「問題解決力」は「強いリーダー」「弱いリーダー」の違いにかかわらず、リーダー全員に必要な能力なのです。

❖「問題解決の場」への参加の仕方

「問題解決力」がリーダー必須の能力だとしても、「強いリーダー」と「弱いリーダー」ではその手法に違いが現れます。

特に「問題解決の場」への参加の仕方、「問題解決のプロセス」の進め方という2つの面で大きく異なってきます。まずここでは「問題解決の場」への参加の仕方をみてみましょう。

上の簡単な図を見てください。

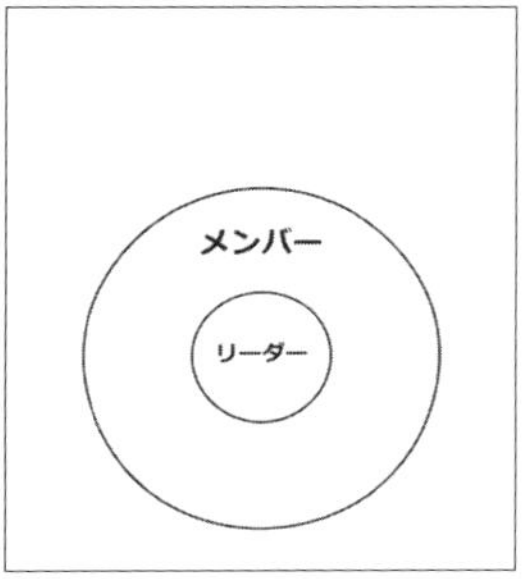

「強いリーダー」の参加のしかた②

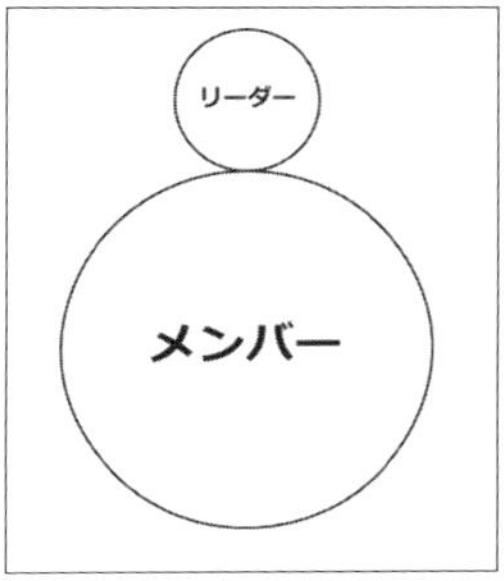

「強いリーダー」の参加のしかた①

この図はリーダーが問題解決の場にどんな形で参加するか、というイメージ図です。「強いリーダー」の参加のしかた①のタイプは、リーダーがメンバー全員の上に立ってぐいぐいと引っ張っていくイメージです。常に先頭にたって積極的に取り組むタイプのリーダーはこのような参加の仕方をします。具体的な解決策もリーダーが自分で決めメンバーにそれを指示するということが多くなります。会議の議事進行もどんどんリーダーがやる、そんな場面が想像できるのではないでしょうか。

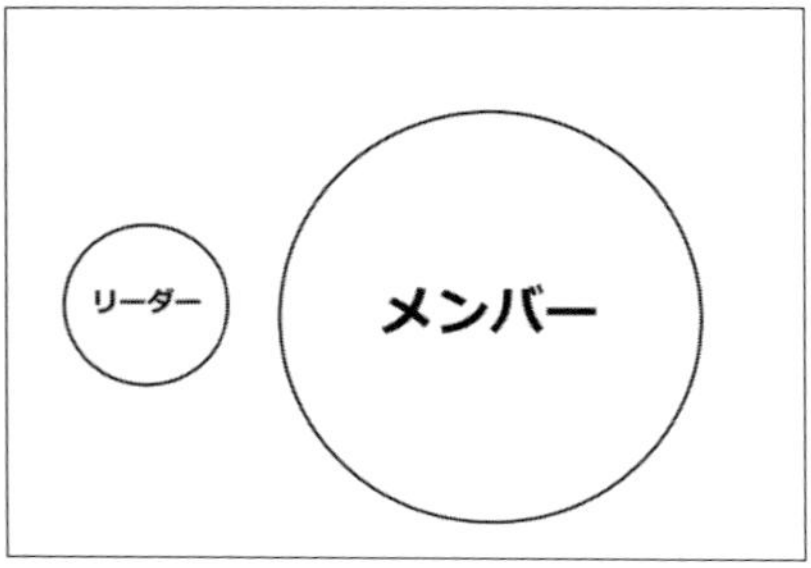

「弱いリーダー」の参加のしかた①

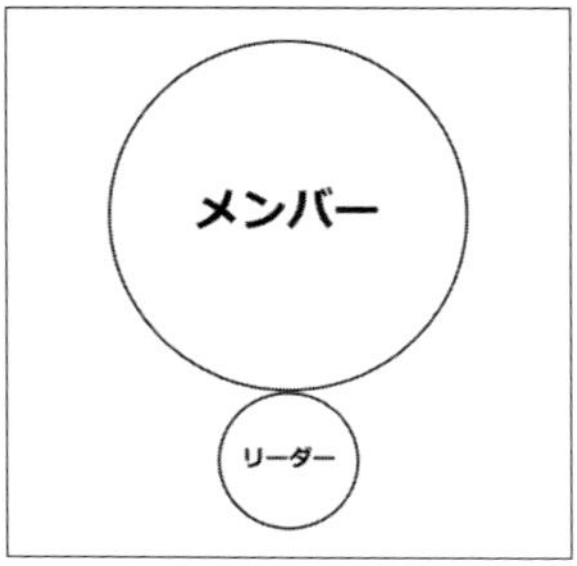

「弱いリーダー」の参加のしかた②

次に、もうひとつの「強いリーダー」の参加のしかた②のタイプですが、こちらは、自分が中心となってメンバーを巻き込んで問題解決を進めようとするイメージです。最終的な意思決定は自分がするべきだと考えるリーダーがこのようなスタイルをとることが多く、①ほどでないにしても会議の進行を他者に完全に任せきることはないでしょう。場の仕切りはやはり重要なリーダーの仕事だと思っているからです。

一方、上の図は「弱いリーダー」の参加の仕方です。まず①のタイプですが、メンバー全員が問題解決を進めているのを一歩ひいたところから客観的に眺めるような位置に自分を置きます。イメージで言うと、マラソンランナーに併走するコーチのような立場です。このタイプは、場の仕切りをするというよりは全体を見ながら時折、外からみえる様子をメンバーにフィードバックしたり、進みが悪いときなどにヒントを場に投げ入れるという役割を担います。あくまで補助的な立場から場がうまく進むように働きかける促進的存在と言えます。ときには、メンバーはリーダーが問題解決の当事者という意識がないのではないかと疑う場面も想像できます。

また、「弱いリーダー」の参加のしかた②のタイプはメンバーの問題解決のサポート役に回るタイプです。イメージでは図のようにメンバーの上でも横でも中でもなく、下にいて支える感じです。メンバーが問題解決にあたって必要なこと、たとえば他部門との調整、予算どりなどリーダーという立場だからこそできるサポートを積極的に行います。問題解決の場に直接参加しないようにするのがこのタイプの特徴ですが、メンバーは放任されていると感じることもなきにしもあらず、です。

❖「問題解決のプロセス」の進め方

「強いリーダー」と「弱いリーダー」の問題解決の進め方の違いについて述べる前に、一般的な問題解決のプロセスをおさえておきたいと思います。

ビジネスを進めるにあたって、本来「あるべき姿」と異なる「現状」が生じたときに問題が発生します。正しい手順で機械を操作しなかった、相手と約束した期限を守れなかった、商談相手のニーズを的確に把握できていなかった、伝えるべき商品の魅力を正しく伝えられなかった……。これらの「現状」はすべて「あるべき姿」とは異っているため、そのギャップが問題を引き起こすのです。図にすると次のようなイメージになります。

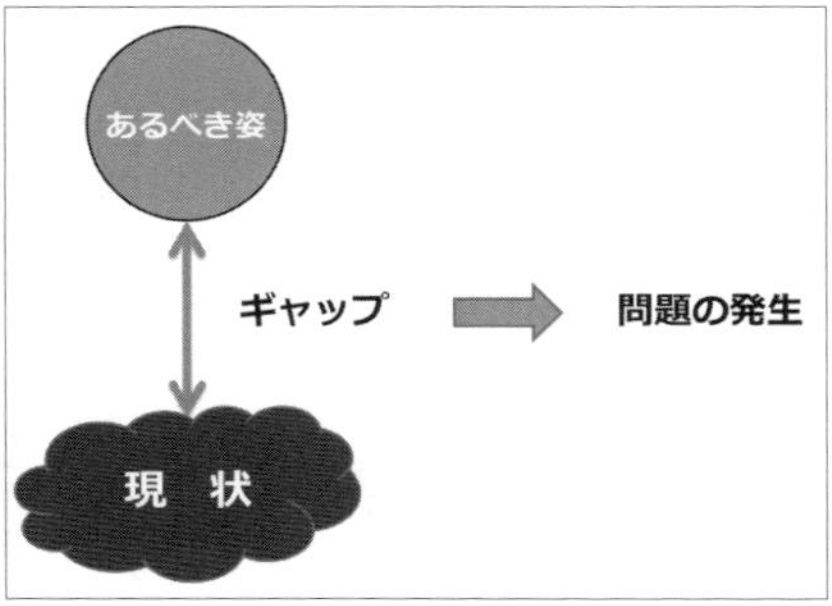

この問題を解決するためには、たとえば、あるべき姿「商品の魅力を正しく伝える」と現状「正しく伝えられていない」の間にあるギャップを解消しなければなりません。そうしない限り、いつまでたっても問題は解決されません。

そこでギャップを解消するために「何を」「どうすればいいか」ということを考えることになります。たとえば「商品の魅力を正しく伝える」ためには「販促担当者のスキルをアップ」させる必要がある。そしてそのために「研修会を設けたり、マニュアルを整備する」という方法が考えられます。

言葉の整理をしておくと「何を（担当者のスキルアップ）」これが問題解決のために取り組むべき「課題」になります。そして「どうすればいいか（研修会を設ける、マニュアルを整備する）」というのが解決のための「施策」です。

次ページの図のように、まず最初に「あるべき姿」と「現状」のギャップを見つけ　↓　次にギャップを解消するための「課題」を設定する　↓　そして、課題をクリアするための「施策」を考え、実行するという一連の流れが「問題解決のプロセス」ということになります。

話が少し長くなりましたが、一般的な「問題解決のプロセス」がどんなものかご理解いただいたところで、「強いリーダー」と「弱いリーダー」の進め方の違いについてみていきたいと思います。

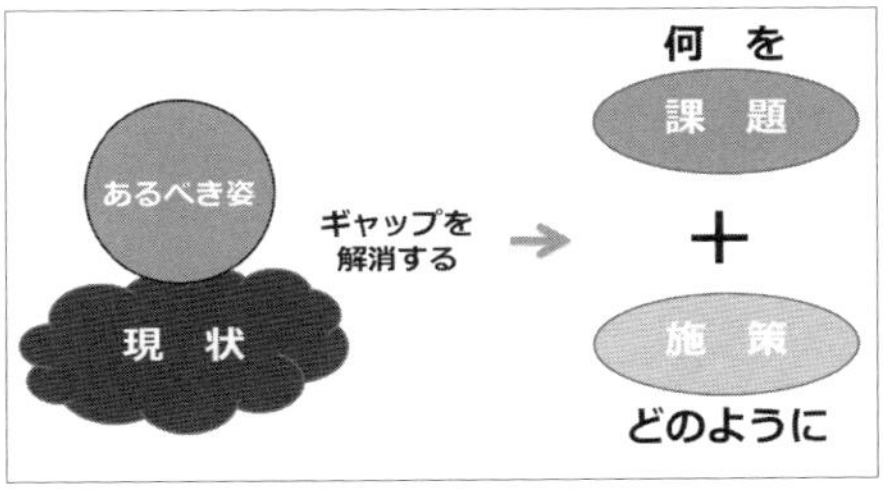

「問題解決のプロセス」において「強いリーダー」と「弱いリーダー」の大きな違いは、ギャップを解消するための前提条件となる「あるべき姿」の捉え方です。

そもそも「あるべき姿」というものは、抽象的で概念的なものから、より実務レベルの具体的なものまでいろいろな段階があります。先ほどから出ている「商品の魅力を正しく伝える」という「あるべき姿」についても、その上位概念には、「より多くのユーザーの心をつかむ」という「あるべき姿」がありますし、さらに上位には、「ユーザーにとって、価値ある事業を展開する」という「あるべき姿」があるわけです。上に行けばいくほど経営理念に近づいていくわけです。

逆に「商品の魅力を正しく伝える」ということをブレイクダウンしていくと、「伝えるべき魅力が正しく選定されている」「伝えるためのスキルを確実に備えている」というより具体的な「あるべき姿」が現れます。

「強いリーダー」の組織運営の考え方は「トップダウン」が中心です。会社が決めた目標に対して、各部門が自部門の目標に落とし込み、さらに小規模のチーム、そして個人へと目標をブレイクダウンし、それぞれがやるべきことを明確にする、という考え方です。ですから当然、問題解決にあたってもより具体的で実践レベルの「あるべき姿」を設定しようとします。「商品の魅力を正しく伝える」という場合にも、「担当者のスキルアップ」という具体的な課題に落としこんでいくわけです。

ところが、「弱いリーダー」は、トップダウンという考え方をあまりしません。経営サイドが常に正解を知っているわけではないと考えていて、時には現場から新しい発想や創造が生まれると期待しています。

問題解決の場面でも具体的で実践レベルの「あるべき姿」に絞り込むというよりも、「より多くのユーザーの心をつかむ」という上位概念や、さらに上の「ユーザーにとって、価値ある事業を展開する」という「理想」を確認しながら、時には目の前の具体的な「あるべき姿」を疑うこともあるのです。つまり「あるべき姿」が「理想」のために正しいものなのかどうかという点に着目するのです。その結果、以下のような考え方も生まれてきます。

「商品の魅力を正しく伝える」のは「何のため」という問いに対して、「より多くのユーザーの心をつかむ」ためという上位にある「理想」に参照していくならば、ネットでユーザーの感想が飛び交う今の時代、商品の送り手が自分の言葉で魅力を語るより、ユーザーに魅力を見つけてもらうほうがいいのではないか、と考えたりもするわけです。

とするならば「商品の魅力を正しく伝える」という「あるべき姿」は、「商品の魅力をユーザーに見つけてもらう」というまったく新しい「あるべき姿」に変わります。そう考えると、モニターを募るなどして「実際に体験してもらう」機会を増やすことが解決策になってくるということもあるわけです。

「強いリーダー」は「あるべき姿」をより具体的で実践的なものにブレイクダウンして問題解決にのぞみます。一方「弱いリーダー」は「理想」とそれを実現するための「あるべき姿」、この関係を常に柔軟に検証しようとしているわけです。

「強いリーダー」と「弱いリーダー」は、このような問題解決のプロセスの違いを見せてくれます。

❖「創造力」と「問題解決」

これからの企業は効率性、収益性の追求だけでは生き残れません。今まで予想だにしていなかったような新技術が突如現れたり、ネットなどの影響で人々の価値観がある日ガラッと変わってしまうようなことが起きる時代になったからです。

そのような時代に生き残り、さらなる発展を遂げるには、「創造性」のある会社でなければならなくなったのです。

ところで、「創造性」のある会社ってどんな会社？　という疑問が生まれると思いますので、ここで「創造性」そして、「創造性のある会社」とはどういうものなのかということについて触れてみたいと思います。

そもそも「創造」の意味は、『デジタル大辞泉』によれば、
1　新しいものを初めてつくり出すこと。「文化を—する」「—的な仕事」「—力」
2　神が宇宙・万物をつくること。「天地—」
とあります。

そこから考えると「新しいものを初めてつくりだす」力を創造性ということができると思いますが、新しいものを初めてつくりだすためには、既存のルールや常識などに縛られない自由な発想ができなければいけません。

常に自由な発想を広げられている会社、そういう会社をここでは、「創造性のある会社」と言いたいと思っています。

では何のために自由な発想を広げなければいけないかということについて補足すると、環境に合わせ変われなければ生き残れないからです。

進化論で有名なチャールズ・ダーウィンの言葉に、
「最も強い者が生き残るのではなく、最も賢い者が生き延びるのでもない。唯一生き残ることができるのは、変化できる者である」というものがあります。
「創造性」は「変わる力」と置き換えることもできるのではないでしょうか。

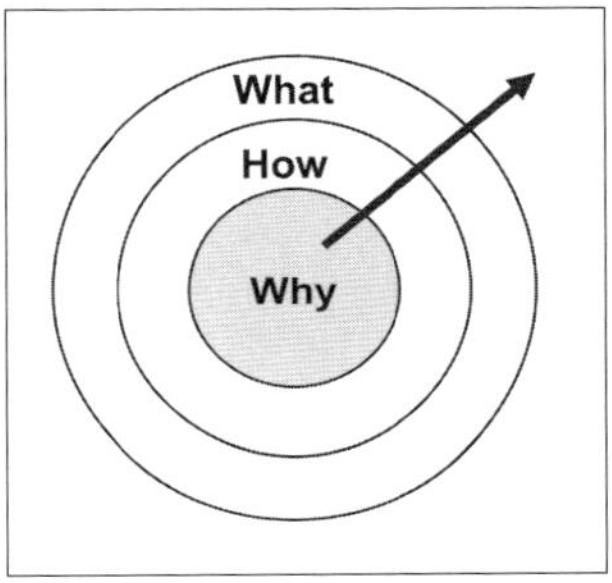

サイモン・シネック提唱の「ゴールデンサークル理論」を参考に著者作図

実は「創造」と「問題解決」は、「あるべき姿」と「現状」のギャップを見つけそれを解決していくというプロセスにおいてはほぼ同じと言えます。「問題解決」の場合は「あるべき姿」と「現状」のギャップを埋めるために、課題を設定し、それを解決する施策を考え実行していきます。それに対して「創造」は「新しいもの」を生み出していくという違いがあるだけです。ですから、「創造」という重要な経営テーマについても「問題解決」のプロセスで検証することが可能なのです。

しかし「創造」の場合には、「問題解決」のときよりも、「あるべき姿」の上位に位置する「理想」という概念が絶対的に必要になります。ここでいう「理想」とは、第1章でも登場したゴールデンサークルの真ん中にあった「Why」と同じで、「何のために」事業を営んでいるのかという「思い」です。その思いがなければ、「What（何を）」しなければいけないかが曖昧になってしまいます。

その「Why」がしっかりとした形でなければ「現状」とのギャップを認識することもできません。たとえば「人々の生活を変えるため」という思いがある場合には、「今はない」もしくは「今はまだできない」という「現状」に目を向けることができますが、もしこの「生活を変える」という思いがなければ、「今はない」もの――「現状」とのギャップ――に目を向けることはないでしょう。

そのような「創造＝問題解決」プロセスで生まれたものの例として、ソニーのウォークマンやアップルのipod、iphoneなどをあげることができるでしょう。

また「創造」のプロセスにおいては、「問題解決」のプロセスより高いレベルで「発想力」が問われます。それまでにない新しいものを生み出すのですから当然です。

発想が豊かになるためには制約や前提が多いもしくは強いという状況は好ましくありません。制約や前提が多ければ多いほど、強ければ強いほど思考に枠がはめられることになるからです。

いずれにしても、企業がこれから強く求められる「創造性」についても「問題解決力」を強化することで高めることができるのです。しかし、その際に知っておかなくてはいけないことは、この「問題解決力」の強化とともに、「理想」と「発想」この2つの大切さです。

そこにおいてリーダーは何を求められるかというと、まずリーダー自身がはっきりと「理想」を掲げることと、新しいものを生み出す「発想力」を持っているということです。カリスマ経営者たちは、まさにその2つの力を十分に発揮し組織をリードしています。

しかし変化が複雑になった今日、企業はより早いペースで新たなものを生み出す必要性に迫られています。世の中の動き、人々の興味関心、新しいテクノロジーによる新たな価値観の出現など多岐に渡る情報をしっかりと握らなければなりません。

とするならば、ひとりのリーダーが「創造力」を発揮するだけでは時代に追いつけなくなる可能性が高いのです。組織全体が感度のいい受信アンテナをたて、あらゆる情報に敏感に反応できるようにしたうえで、すべての部署から創造が生まれなければならないのです。

つまりリーダーは自分自身の創造力の強化もさることながら、チーム全体が創造に向かって力強く前進している状態をつくるべきなのです。

そのために必要なのが、「弱いリーダー」なのです。

第2節 「弱いリーダー」とはこんな特徴を持っている

❖すべてにおいて「受信優先」である

「弱いリーダー」は「強いリーダー」に比べメンバーを上手に活用しメンバーとともに問題解決を推進します。ですから「弱いリーダー」は、「メンバー個々の力を集約する」ことを何よりも大切にします。メンバー個々が自らのアンテナを一生懸命磨くことに力を貸しながらそのアンテナに引っかかったことを集めることを常に心がける。つまりメンバーひとりひとりの力を可能な限り引き出し、彼らの力を最大限に発揮することを第一義に考えているのです。
そのため次のような特長を「弱いリーダー」は持つことになります。

□みんなの意見を集めたいと思うから
↓ 自分からの発信よりも周囲からの受信を優先する
□いろいろな角度から捉えることが大事だと思うので
↓ 何よりも柔軟な思考が大切だと信じている
□ひとりの意見もないがしろにしたくないので
↓ 強い表現で人に指示を出さない
□いろいろな意見や能力を生かすために
↓ 常にものごとの「流れ」を感じ取ろうとする

すべてにおいて「受信優先」です。そのためにリーダー自身、受信アンテナの感度を高めることに努力を惜しみません。受信に意識を向けるとどうしても内向的な面が出ます。そのため「弱いリーダー」のたたずまいは「静かさ」を感じさせるのです。

「静かさ」は「弱いリーダー」の特徴を語るときの非常に大きな要素となっており、動的な「強いリーダー」に対して静的な「弱いリーダー」、その差はいろいろな場面での違いとなって現れます。

〈「強いリーダー」と「弱いリーダー」比較〉

☞目的

「強いリーダー」の目的は競争に勝つことです。ビジネスは競合他社との競争に勝ちできるだけ多くのシェアを取ることが大事だと考えています。

それに比べ、「弱いリーダー」は、競争によって競合ともども疲弊するよりは争わずに勝つ方法を選択したいと考えています。シェアを争うよりもアイデアで競合とは異なる価値を顧客に提供しようとします。できるならば、三方よし「売り手よし、買い手よし、世間よし」というWin-Winになるような展開を望みます。

☞信条

競争に勝つことが目的となっている「強いリーダー」は、チームにとって何より「行動力」が必要だと考えています。そのためにチームを統率する必要性を感じていますから、メンバーに対して強い影響力を持たなければいけないと考えています。
一方「弱いリーダー」は、アイデアを生み出すことが大事だと考えていますから、いろいろな角度から考えられる「柔軟性」を重んじます。柔軟性の敵は自分自身の思い込みであることを知っている彼らは常に自分と向き合い自分自身の柔軟性を検証しています。

☞ コミュニケーション

「強いリーダー」は、統率力が大事だと考えていますから、メンバーとのコミュニケーションのとり方も自らの意見や指示をメンバーに対して打ち出すことが多くなります。結果、受発信でなりたつコミュニケーションのうち、「発信」が中心となります。
「弱いリーダー」は、新しいアイデアが出ることやいろいろな角度からの見方を大切にしますので、コミュニケーションのとり方は発信よりも「受信」が中心となります。発信自体が相手の意見や相手からの情報を受信するために、質問という形でされることが多く自分の意見を相手に伝えることを優先しません。

☞ マネジメントスタイル

統率を重視する「強いリーダー」は、メンバーをマネジメントするときに、しっかりとした明確な指示をだすこと、そして、その指示を徹底させることを強く意識します。その結果、極めて命令的なマネジメントスタイルとなることが往々にしてあります。

「弱いリーダー」は、ひとりひとりのメンバーの中にある情報や能力を引き出すことを意識し、メンバー自身で考える機会を多く設けるようにしています。そのマネジメントスタイルは、メンバーへの問いかけを行いながらメンバー自身に考えさせる点が特徴的です。また質問による問いかけで出てきたメンバーの考えを尊重しようとするため、リーダーの意見を押し付けることはしません。

判断基準

競争に勝つために、戦略を重視する傾向のある「強いリーダー」は、戦略的思考の持ち主でもあります。ものごとを判断するときにも、その戦略的思考傾向が出ることが多く合理性や効率性を重んじた判断をすることが多くなります。

一方、経営学的合理性による戦略だけでなくユーザーの「心」を捉える精神的な展開の必要性を理解している「弱いリーダー」は、むしろチーム全体で求める理想の姿や誰かの強い思いのほうが優先されるべきだと考えます。時には不合理で非効率的であっても「理想像」「思い」を重視した判断をすることがあります。

意思決定

意思決定においても競争に勝つことを目的としメンバーに対して徹底した実践を促す「強いリーダー」は動的な動きを見せます。迅速な決断、それこそ動的な「強いリーダー」がとても大事にする意思決定に関する価値観なのです。

「メンバー個々の力を集約する」ことを何よりも大切にする「弱いリーダー」は、迅速な意思決定を下すよりもメンバーの意見を吸い上げることに価値をおきます。時には意思決定が遅いと感じさせることがあるほどメンバーの意見集約を重んじます。

☞部下育成の方針

リーダーの大事な役割として「部下育成」があります。「強いリーダー」と「弱いリーダー」は、部下育成においてもその方針の違いを示します。

「強いリーダー」は、個々のメンバーが、自分の役割をしっかりと全うできるためのスキルや知識を身につけること、そして段階的な経験とともにその役割遂行レベルをあげることを求めます。メンバーの機能性を高めることを目指していると言っていいでしょう。

「弱いリーダー」はメンバー個々が自らのアンテナを一生懸命磨きながらそのアンテナに引っかかったことを材料にしてより多くの「気づき」を生んでほしいと考えていますから、部下育成の方針も部下の発想を豊かにするという点に重きをおいています。そのために、「まだ荷が思いかも」と思われるような難度の高い仕事も積極的に任せます。

	強いリーダー	弱いリーダー
目的	競争に勝つ	できるだけ戦いを避ける
信条	行動力 強い影響力を持つ	柔軟性 自分と向き合う
コミュニケーション	自らの発信が中心	他者からの受信が中心
マネジメントスタイル	指示する 徹底させる	問いかける 押しつけない
判断基準	合理性、効率性	思い、理想の姿
意思決定	迅速に決断する	周囲に意見を促す すぐ決めない
部下育成の方針	機能性を高める 段階的な経験をさせる	発想を豊かにする 積極的に任せる

以上をまとめたものが、上の表になります。

❖「弱いリーダー」の秘密は東洋思想にあり

東洋思想に陰と陽という考え方があるということは何度か触れてきました。西洋においては陽性なことが善いとされ陰性なことは善くないとされてきましたが、東洋における陰陽は、調和されるべきものでどちらも同じ程度大事なものと考えられてきたのです。

「弱いリーダー」はまさに陰陽の調和ということを大切にするリーダーなのです。調和を大切にするということは陰陽どちらも受け入れるということです。

創造は「どこから」「誰から」「いつ」出現するか計り知れないのです。そのためには、どんなに微細な情報でもいったん受信することが大事なのです。「弱いリーダー」が陰陽の調和を重視するというのは、そういうことが理由なのです。

第3節 「弱いリーダー」が率いるチームの4つの理想像

【「あるべき姿」と「現状」のギャップを見つけ　↓　次にギャップを解消するための「課題」を設定する　↓　そして、課題をクリアするための「施策」を考え、実行する】という問題解決のプロセスが強化されることによってチームはより力強くなることはお分かりいただけたと思います。そして、変化のための「創造性」が求められる現代において、その力はより強く求められているということも既に述べてきました。

ここからは、チーム全体の問題解決力が強化された状態とはどんな状態のチームのことなのか、つまり理想のチーム像とはどんなものか、ということについて見ていきたいと思います。そして、そんな理想のチームをつくるために、「弱いリーダー」はどんな役割を果たすのかということについても同時に見ていきます。

❖当事者意識を持つことができるチーム

人はいくつかの成功体験によって自信を得ることができます。自信を持ったメンバーが集まればチームに力強さがつきどんな難題にも立ち向かう勇気あふれる集団となれるのです。ですからリーダーはメンバーに成功体験を積ませることを常に意識しておかなければいけません。

しかし、そもそも、成功とはなんでしょうか？

たとえば、はじめての契約が取れたとか、目標売上を達成できた、というような自分の仕事の成果を出すことはたしかに成功と言えます。営業では実際の売上があがらなければなかなか評価してもらえませんから、成果を出さないとなかなか自信に結びつきにくいことも確かです。

しかし成果だけでなく自分が取り組んだ仕事によって喜びを得たとき、そういうときも大事な成功だと私は考えています。いつもは上司や先輩にサポートしてもらいながらやっていた仕事を誰の助けも得ずにひとりでできるようになったとか、お客様から「ありがとう」と感謝された、そういう体験です。

よく考えてみると、成果を出すことはたしかに業務上の成功ではありますが、本人にとってはそのことによって「喜べた」「嬉しかった」という気持ちにもなれているわけですから、成功体験とは業務上の成功以上に、むしろ仕事をしていて「喜び」を感じることができた体験と言ってもいいのではないでしょうか。

それでは、仕事で喜びを感じるときというのが、どんな場合に訪れるのかということをもう少し詳しく見てみたいと思います。

たとえば、同じチームの同僚が大きな商談を取ってきた、そのとき果たして喜びは得られるでしょうか？

その答えは、得られる場合と得られない場合がある、ということになると思います。メンバーそれぞれの担当がしっかり分かれていて、同じチームであっても、他のメンバーの仕事の成果が自分の評価とは関係がない場合などには、はっきり言って他の人の成功を喜ぶ気持ちにはなれないでしょう。しかし、チームとしての目標があり、その目標の達成度を、メンバー全員の成果の積み上げで測ることになっているとしたらどうでしょう。他のメンバーの成果も自分のこととして嬉しいものになるはずです。前者の場合、同僚の仕事は他人事で傍観者になっていますが、後者の場合は、自分のこととして当事者になれているのです。傍観者と当事者、この違いが仕事によって「喜び」を得られるか得られないかを決めるのです。

リーダーが自分のチームを力強い勇気あふれる集団にしたいと考えるならば、最初にしなければいけないことはメンバーに「当事者意識」を持たせることです。

「当事者意識」とは、仕事に直接関わっているという自覚です。そしてメンバー全員を直接の関係者にするために最も重要なことは、すべての意思決定に参加させることです。人は自分で決めたことや自ら言ったことに対して、そうでない場合の5倍のコミットメントを見せるそうです（ハーバードビジネスレビュー２０１４年6月号「当事者意識はチームの士気を5倍にする」より）。

「強いリーダー」が気をつけなければいけないことは、迅速な意思決定を目指すあまり自分で決定を下してしまう場合が多いということです。リーダーが常に意思決定しメンバーがそれに従って実行するという流れは、メンバーに「当事者意識」を持たせるためには決して有効ではありません。

メンバーに当事者意識が根付くことで、自分の仕事のことだけでなく、「チームをより良くしたい」という気持ちが芽生えます。メンバーが「チームをより良くしたい」と考えてくれれば、問題解決の推進力が強くなります。良くなるために変化することにも積極的に参加してくれるはずです。

変化に積極的であれば、「創造的なチーム」になる可能性は極めて高くなることはお分かりいただけるでしょう。

〈メンバーが当事者意識を持つために「弱いリーダー」が役立つところ〉

当事者意識を持たせるためには意思決定に参加させるといいのですが、特に「何を」「どうやる」という施策や具体的な行動を決めるときは、なお一層当事者意識を持たせるチャンスです。自分自身で考え、決めたことを自分自身がやり、結果が出たときには、その喜びは非常に大きなものになり、さらに当事者意識が高まるからです

「強いリーダー」が指示しそれを徹底させるというマネジメントスタイルをとるのに対して、「弱いリーダー」は決して押し付けずメンバーに問いかけるというマネジメントスタイルをとります。そういう接し方をされると自然とチーム全体に「自分で考える」という習慣が生まれます。そして、

この「自分で考える」という習慣は当事者意識を醸成するための非常に大切な土壌となるのです。

第3章の事例に登場した荒川マネジャーも、元上司である二宮マネジャーとの話の中で、「彼らが辞めたのは、私が私の期待する答えを出すようにメンバーに強制していたからなんじゃないかと感じ始めました。クライアントの期待ではなく、私の期待です。彼らは、クライアントと向き合って仕事をしたかったのに、私の意に沿うようにしか動けなかったのかもしれません」と、自分自身の考え方をメンバーに強要していたことで、メンバーに当事者意識どころかやる気をなくさせてしまっていたことに気づきました。

「強い指示を出す」というやり方は、積極的に先頭に立とうとする「強いリーダー」の特徴でもあり、決めたことを徹底する必要のあるときなど、時には必要なマネジメント手法ではありますがメンバーに「自分で考える」という習慣を身につけさせるためには適さないのです。

また「自分で考える」ために有効な手法として思い切ってメンバーに任せる方法もいいでしょう。メンバーの現時点の技量に対して難度が多少高い仕事でもとにかく一度任せてみることで、メンバーは「自分で考える」状況に追い込まれますし、その結果当事者意識も高まるのです。

「押し付けない」「任せる」という「弱いリーダー」が持つ特徴は、メンバーに当事者意識を持たせるためによく機能するのです。

❖豊かなアイデアを生みだすことができるチーム

人の行動の裏にはその人の「思い」があります。「こんなふうになりたい」「こんなことがしたい」という思いです。ビジネスの世界でも同じで、「こんな会社にしたい」という思いがその会社の行動をつくります。

そして、「思い」の違いによって、行動も発想も変わるのです。

チームの動きも同じです。メンバーの誰かが「こんなふうにしたい」「こんなことがやりたい」という思いを言うことで、「だったら、こうしようよ」という発想が生まれます。そして、その思いに他のメンバーも共鳴していれば、必ずチーム全体の行動となって現れるのです。

私の知り合いで、発展途上国に学校を建設するために１００円硬貨を募るというボランティア活動をしている人がいるのですが、「その国に行って、その国の子どもたちの純粋な瞳をみていると、この子どもたちにちゃんとした教育をさせてあげたいという気持ちになるんですよ」と語る彼の思いはとても共感できるものでした。「だとしたら、こんな寄付の集め方あるんじゃない」といつのまにか、私自身がより寄付を集めるためのアイデアを発想していたことを覚えています。

知り合い同士という小さなコミュニティの話ではありましたが、チームでも同じようなことは起こるのです。あるひとりのメンバーの思いを大切にする、そういうチームはイメージ力も発想力も豊かになると考えるのは不自然ではないと思うのですが、どうでしょうか。

「思い」というものにそれだけの力があるのだとすると、リーダーは決してメンバーの思いをつぶすようなことをしてはいけません。むしろ、メンバーそれぞれが「思い」を抱けるようにしてあげなければいけません。

そのためには、「これをしてはいけない、あれを考えてはいけない」という制約をできるだけ少なくすることが大事です。「強いリーダー」の場合、押し出しの強さが目立ちますから、リーダーの存在自体がメンバーにとって「制約」となることがあるので気をつけなければいけません。

よく聞いてみるとたいした思いでもなく、己の欲求を言葉にしているだけのこともありますが、そのとき本当にそう思っているのだとしたら、それは紛れもなくそのときの本人の「思い」なわけです。つまらない自分勝手な思いだとそれを切り捨てることは簡単ですが、「思い」をつくるという行為をチーム全体に浸透させるためにはいったんはしっかりとその「思い」を受けとめてあげてほしいのです。そしてできるだけその「思い」について語り合ってください。

そういう自由な語り合いが創造的なチームにするためにとても大事なのです。

自由な語りあいがあるチームは常にみんながワイワイガヤガヤ話しています。何かあるとみんなで「ああでもない、こうでもない」と多くの意見が飛び交います。そんな雰囲気のチームを「自由闊達」なチームと表現することができると思います。リーダーはチームが「自由闊達」になれるような雰囲気づくりを心がけなければいけません。

制約ということでは、アイデアを考えているときにも別の形で制約にはまってしまうことがあります。それは、前提条件です。たとえば、「顧客のニーズをつかめ！」ということを行動指針にしている営業部で、新たな顧客層を開拓するための戦略を考えることになったとします。新たな顧客層を開拓するためには、自社の製品と顧客のニーズをいかにマッチさせるかということが重要なテーマとなりますから、従来のやり方で努力を続けるよりは、むしろ狙いたい顧客に「新しいニーズ」を提案するほうが得策かもしれません。その場合「(既にある) 顧客のニーズをつかめ」という行動指針は、むしろ邪魔な前提条件として自由な発想を妨げることになります。

新しいものを生み出そうとするときには「前提条件をはずして、今までとは違う視点から見る」ことで、発想が広がるのです。

リーダーは、メンバーが前提に縛られ行き詰まっているときには視点を変えるためのヒントを出してあげる、そういう役割を担うといいでしょう。

〈豊かなアイデアが生まれるために「弱いリーダー」が役立つところ〉

最近の商品はどれをとっても機能面でそれほど大きな差はありません。ではユーザーは何を基準に選ぶのかということになりますが、マーケティングの巨匠であるフィリップ・コトラーはマーケティング3・0の中で、最近は「顧客の感じる価値や精神的な満足」を得られるかどうかで商品は選ばれるようになってきていると言っています。たとえば環境に対して意識が高く、実際に環境保護のための活動をしている企業の姿勢を評価してその企業の商品を選ぶ、というようなことです。そうすることで自分自身も環境保護の活動に間接的に参加したことになれるからです。「環境を保護したい」企業のその「思い」に共感するわけです。合理的、効率的な戦略に対して「思い」が勝った事例なのです。

「弱いリーダー」は、ものごとを判断するときの判断基準として「思い」を大切にします。その「思い」が良質なものであれば、必ず誰かの共感を得てファンができると信じています。ですからメンバーが「思い」を抱くことに対して、それを阻害することは決してありませんし、チーム内でどんどん自由闊達に「思い」について語り合う機会を設けようとします。

第2章に登場した華橘荘の事例において、橘光男氏は、「美容と癒し」を新たなるコンセプトとして戦略を練り実行しましたが、思ったようにうまくはいきませんでした。光男氏は、ホテルで修行し経営学的アプローチで戦略を練りました。しかし後に、代々の社長が創業者である曽祖父宗右衛門の「広く、人々がその心身を癒し、明日の生産の鋭気を養う場所」を提供したいという思いを守り続けてきたことが、お客さんの心をつかむ「華橘ストーリー」をつくったのだということに気づきます。強い思いを情熱を持ってやり続けることが合理的な戦略よりも勝ることがあるという事に気づいたわけです。それに比べて光男氏本人のコンセプトは「思い」にまで昇華できていなかったのです。

また、「弱いリーダー」は、統率よりもメンバー個々の力を集約することを重要視しますから、制約を可能な限りなくし自由な雰囲気を重視します。

第3章に登場した荒川マネジャーの元上司である二宮は「クリエイティブは二宮に任せろ」といわれるほどの敏腕マネジャーですが、彼女は自らの言葉で「クリエイティブは押し付けられる環境からは生まれないの。私が担当するプロジェクトのメンバーには、自由に考える時間と余裕を持たせるように気を遣ってるわけ。クリエイティブな成果を出せるのは、私がクリエイティブだからではなくて、メンバーがクリエイティブになれてるからなの」と言っていました。

自分が先頭に立つのではなくメンバーに自由に考えさせるために、あえてマネジャーからの指示や意見を言わなかったのです。これもひとつの制約のはずし方です。

他にも「弱いリーダー」は「柔軟性」を大切にし、自分自身柔軟にものごとをとらえますから、メンバーの議論が行き詰まったときなど、違う視点からのヒントを出してくれます。

第3章の笹田リーダーは「みんな、ちょっと派手な企画にこだわりすぎてない？　派手な企画で行き詰まってるなら、いっそのこと地味な企画考えてみたらどうなの？」と、メンバーの視点を変える発言をしています。まさに、「弱いリーダー」が豊かなアイデアが生まれるために機能している場面といえるでしょう。

❖ 現状を的確に把握することができるチーム

問題が発生したとき誰しもまず「何が、どうなっているのか」できるだけ正確に知ろうと努力します。問題解決をするために「現状」を的確に把握することがとても重要であることは誰もが理解していることでしょう。

しかし、いざ問題を解決しようとすると意外に「現状」把握がおろそかにされていることに気づかされます。そこにはフタを開けて公にさらしたくない現実があるからです。多くの組織で「見たくない現実にフタをして見ないようにしている」ことが実は多いのです。

当然そんな組織からは「なんでいつまでたっても変わらないんだ」というぼやきだけが聞こえてきます。

現状把握とは見たくない現実と向き合うことです。「製造と営業の仲が悪い」「開発に時間がかかりすぎる」「宣伝部の知識不足を感じる」「経営計画の数字を製造部長が知らない」「営業部の若手が育たない」など、他部門からはなかなか触れにくい現状は、たとえ経営幹部が集まったブレストでも議題にあがることはありません。その結果、本当は向き合わなければいけない問題が表面化しないのです。

見たくない現実というのは、その現実に触れることで波風が立つことをみんなが知っていることです。部署間の仲が悪い、チーム内のコミュニケーションがよくない、ということをことさら取り上げても、誰も自分が悪いとは思っていませんから自分を変えようなどとは決して思いません。誰も変わろうとしないことを知っている周りもまた触れないようにしてしまうのです。

チーム運営においてもメンバーが覚える違和感にフタをしてはいけません。たったひとりのメンバーの違和感であってもその裏には根本的な問題が潜んでいる可能性があるのです。リーダーはメンバーが感じていることをチームとして共有できるようにする必要があります。

違和感を言い合えるチームが問題解決力、そして変化していける力を持っているのです。

〈現状を的確に把握できるチーム作りのために「弱いリーダー」が役立つところ〉

ビジネスにおいて前向きに変化していくことは非常に大事なことですが、真の意味で前向きになれるかどうかは、今ある現状を変えなければいけないことをどれだけ理解し許容しているか、その程度で決まります。一般的に人は慣れ親しんだことが変わることを極力避けたがりますから、基本的には変化のための前向きなエネルギーはわきにくいと考えたほうがいいのです。

しかし「今のままではだめだ」という気持ちになれば話は別で、変化に対するモチベーションはあがります。現状から離脱しなければいけないことを実感すると、それがモチベーションとなって変わることを決意するのです。

そのためには、今の自分たちの姿と真摯に向き合わなければいけません。

「弱いリーダー」は、「自分と向き合う」ということを信条としていますから、そこから逃げることはありません。むしろ、メンバーにもチームの現状と向き合うよう促しますから、見たくない現状がフタをされたまま放置されることはなくなります。

また、ひとりの意見も無駄にせず、できるだけ多くの意見を集約したいと思っていますからメンバーの意見を聞く姿勢が整っています。穏やかに聞いてくれる「弱いリーダー」に対しては、おそらくメンバーも日頃気になっていた違和感を口にしやすいはずです。そのために「弱いリーダー」はメンバーと対話する時間を惜しみません。

第2章の竹芝機械の川上社長は業務効率アップのために倉庫を新設しましたが、それから不良品の発生率が高まるという問題を抱えることになりました。そのときに川上社長が気づいたのは、倉庫の増設、レイアウトの変更により目に見えない情報の共有が途絶え、その影響が不良品の発生率に現れていたかもしれないということです。現状について、それも悪い現状を把握するためには豊富な情報の行き来が欠かせません。

竹芝機械の場合、その情報交換の場が川崎工場の倉庫だったわけです。集まった彼らは、何とはなしに「情報交換」をし、それによって他の工程で起こっている不良品の発生や工程の不具合などの情報が密に交わされていたのです。

川上社長は業務フローを解析するというやり方で問題解決に臨みましたが、社員との徹底的な対話は怠ったようです。倉庫を物流の拠点とだけ考えたために情報の拠点としても機能していたことを把握できませんでした。皮肉なことに、たまたま立ち聞きした社員の話からその事実に気づくことになりました。

若干後の祭りではありますが、それでも多くの意見や感じている違和感を直接聞くことの意義を感じたのではないでしょうか。

「今のままではだめだ」の「今」を正しく認識するためには、みんなの感じている違和感を出し尽くす覚悟が必要です。受信することを大事にし情報収集にはげむ「弱いリーダー」はそれを得意としています。

❖自主的に動くことができるチーム

問題解決のための施策をたてたら、いよいよそれを実行する段階です。どんなに素晴らしい施策でも、実行されなければ問題解決は絵に描いた餅です。しかしただ単に実行すればいいというものでもなく、みんなで「こうやろう」と決めたら、「やりなさい」という指示がなくても全員が自分のやるべきことに向かってしっかりと動き出す、そんな自主的なチームであってほしいものです。自主的に動くチームのほうが、指示されて動くチームよりも実行力が高いといえます。

そのようなチームをつくるには、日頃からメンバーの自主性を磨くことをリーダーが意識していなければいけません。「当事者意識」は自主性にもつながりますから、当事者意識を磨くことは同時に自主性も育てることができると考えられるでしょう。当事者意識を持たせるために、「自分で考える」機会をつくりましょうと述べましたが、それは自主性を磨くためにも有効なのです。

その他の自主性を育てるための方法として、「リーダーは極力自分でやらないように心がける」という方法をお勧めしたいと思います。たとえば毎週の定例会議の進行役とか、その会議の議題決めとか、思い切ってメンバーに任せてみてはどうでしょうか。「○○さん、来週の会議の議題案、考えといて」のように通常リーダーがやっている仕事をメンバーにふってみるのです。丸投げもいいのではないでしょうか。

ところでいざ実行してみると想定外のことが起きる、他の問題が新たに出現する、ということが多々あります。

そんなときに、「どうしていいか」思考が固まってしまい動きが止まるという人が多くいますが、それでは本当の意味で問題解決力が高いとは言えません。想定外なことに柔軟に対応できる力もまた実行力なのです。

柔軟に思考できるチームをつくるために、リーダーは自らその見本とならなければいけません。たとえば新商品の拡販のために会社が示した方針に対してメンバーが異論をとなえたとき、「これは、全社的に決まったことだから、やらなければいけないんだ」と頑な姿勢を示すのではなく、「みんなはどうしたいの？　最終的に新商品が計画通り売れることが大事なんだから、やり方はなんだっていいんだよ。でも、会社のやり方をいったんやった後で、そのいいところ、悪いところを体感して見るのも他のやり方を考えるうえでいいんじゃないかな」という柔軟な言い方でいろいろな可能性を考えさせるというようなことです。

柔軟なリーダーの思考を身近で感じることができると、メンバーも自然と柔軟にものごとをとらえるようになるのです。「柔軟に考えなさい」と言われても、不慣れな者には理解できません。実際に柔軟な発想に触れることで、柔軟性とはどういうことかということを実感できるのです。

〈実行力が高くなるために「弱いリーダー」が役立つところ〉

「弱いリーダー」は「強いリーダー」がスピーディに意思決定するのに対して、なかなか決めなかったり、はっきりとした結論を宣言したりしないため優柔不断に見えることがあります。また「強いリーダー」のように自分の意見を強く発信しませんから意志薄弱に見えることもあります。

ところがこの一見頼りなさそうな「弱いリーダー」がメンバーの自主性を養うために実は役立つのです。リーダーが頼りにならないならば、自分のことは自分でやらざるを得なくなるのは当然です。

第3章で登場した荒川マネジャーの元上司・二宮マネジャーは、自分はみんなに丸投げしていただけだと語っています。同じく第3章の笹田マネジャーは、緊迫感漂う企画会議の中にあっても、ただひとりいつものようにおっとりとしていて自分の意見を言うこともなく進行を部下の猪俣大輔に任せきりにしていました。

両者、自分が上に立ってメンバーを引っ張ったり中心となって企画を考えたりする「強いリーダー」とは全く異なる姿勢です。しかしメンバーがリーダーのその姿を見て自主的になれたことは確かです。


また、本当にタフな実行力を身につけるために大切な柔軟性ですが、これはまさに「弱いリーダー」の信条そのものですからメンバーの見本となるには適任なのです。

柔軟性は「弱いリーダー」の根っこです。柔軟だからこそ強く打ち出さない、柔軟だからこそ人の話に耳を傾ける、柔軟だからこそ合理性や効率性にこだわらない、柔軟だからこそ流れにさからわない。

あらゆる場面で「弱いリーダー」が柔軟さを見せてあげることで、「白黒はっきりつけなくてもいいんだ」ということをメンバーに伝えることができますし、白黒の間にあるいろいろな色の解決方法に目を向ける意識を植え付けることもできるでしょう。こうして柔軟性は「弱いリーダー」からメンバーに移植され、チーム全体を「何が起きても大丈夫」なチームに変えるのです。

第3章で登場した笹田リーダーは、社内コンペの結果に対して「いいじゃないか。負けるが勝ちっていうこともあるよ。コンセプトが通ったってことは企画の根っこはみんなが作れたってことだし、そのコンセプトで他の人たちが具体的な企画の発想を広げてくれると思えばむしろ楽しいよ。我々と違う他の目からみたコンセプトの捉え方を知ることができるんだから」と静かに言っています。

こういう言葉というのはそのときメンバーにガツンと強く響かなくても、後に同じような経験をメンバー個々がするときに思いだしたりするものなのです。

❖あなたの中にも「弱いリーダー」の適正はあるかもしれない

本章では「弱いリーダー」が理想的なチームをつくる上でとても貴重な存在であることを述べてきました。

「弱いリーダー」は、メンバーにとってふわふわとして、はっきりとした輪郭を感じない存在であることは確かですが、だからこそメンバーが自ら考え、動かなければいけないということを認識させることができるのです。

しかし、ふわふわしてはっきりとしないからといって決して無責任なわけではありません。「強いリーダー」と「弱いリーダー」では、責任感の発揮の仕方が違うのです。

「強いリーダー」はチームを力強く牽引することと、結果に対して強く責任を感じていますが、「弱いリーダー」は自主的なチームであることと、プロセスの組み立てをしっかりすることに責任を持とうとしているのです。

これからの企業は変化し続けなくてはいけません。そのために創造的な組織をつくりあげる必要に迫られています。創造的な組織には、当事者意識、思い、自由闊達さ、柔軟さ、自主性が備わっています。

それらを整えるために「強いリーダー」だけではなく「弱いリーダー」の存在が必要なのです。今までのリーダー論に関する常識からみると力の弱い感じを受ける彼らですが、それはむしろ「力《りき》みのなさ」として、組織全体の力を集約し、変化のためのアイデアを生み出すために有効に働くのです。

もし、今まで「強いリーダー」にならなければと無理をしていた人や、自分自身は「強いリーダー」にはなれないので、リーダーという役割につくことをあきらめていた人がいたとしたら、むしろ「弱いリーダー」としての適性があるかもしれません。チームが新しい価値を生み出すために、あなたの特性が活かされるかもしれないのです。

本書で述べた「弱いリーダー」の特性を思い返しながら、あなたの仕事の仕方や意識とぜひ一度向き合ってみてはどうでしょうか。

井上健一郎（いのうえ・けんいちろう）

組織開発デザイナー。中小企業診断士。アカラ・クリエイト㈱代表取締役社長。究和エンタープライズコンコード㈱顧問。
慶應義塾大学、経済学部卒業後、㈱ソニー・ミュージックエンタテインメントで制作、営業、プロモーションを経験。責任者としても数多くのプロダクツを手がけた。「クリエイティブな世界における成功の裏で、人の感情の動きが大きく作用する」という経験を活かし、現在、「感情」に焦点をあわせた企業の組織開発を支援している。
「経営者が考えなければいけない組織の土台づくり！」をテーマに、特に人材に関する幅広いサービスを開発、提供している。「採用アセスメント」「人材育成型評価制度」「リーダー育成」「組織運営手法」などについて、コンサルティング、講演、研修に携わっている。定期勉強会「経営組織アカデミー」主宰。www.acala-cr.co.jp
主著：『部下を育てる「ものの言い方」――人を変える組織を変えるリーダー必須の条件』（集英社）、『ゆとり世代を即戦力にする50の方法』（高橋書店）
共著：『デキる部下だと期待したのに、なぜいつも裏切られるのか？』（ダイヤモンド社）

＊編集協力＝中西豪士（colors BOOKS）

「弱《よわ》いリーダー」が会社《かいしゃ》を救《すく》う

2015年12月31日　初版第一刷

著　者　井上健一郎 ©2015
発行者　竹内淳夫
発行所　株式会社 彩流社
〒102-0071 東京都千代田区富士見2-2-2
電話　03-3234-5931
FAX　03-3234-5932
http://www.sairyusha.co.jp/

編　集　出口綾子
装　丁　黒瀬章夫
印　刷　倉敷印刷株式会社
製　本　株式会社難波製本

Printed in Japan　ISBN978-4-7791-2180-7 C0034